Mathematik

AF217240

3B

Arbeitsheft

Erarbeitet von
Alexandra Freytag
Anna Harrich-Voßen
Gesa Hochscherff
Uwe Nienhaus
Anna Pöllinger-Miebach

Illustriert von
Friederike Ablang
Antje Hagemann
Josephine Wolff

Inhalt

Zeit

Sachrechnen

Wahrscheinlichkeit

Rückblick

Ausblick

Zusammenfassung

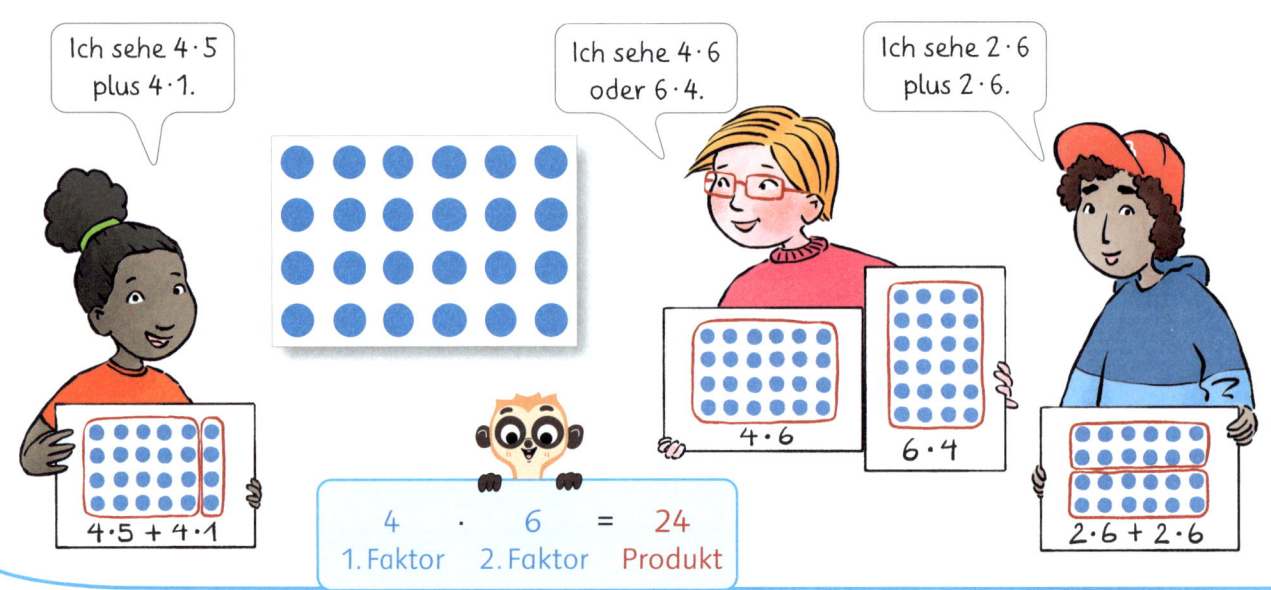

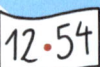

1 | 5 · 7 |

a) Zeichne das Punktebild 3-mal ins Heft.
b) Finde Aufgaben im Punktebild.
c) Markiere die Aufgaben im Punktebild.

2 Passt die Aufgabe zum Punktebild? ✔ oder ✘ ?

3 · 6 ☐	3 · 7 + 3 · 7 + 3 · 7 ☐	3 · 5 + 3 · 2 ☐
3 · 7 ☐	1 · 3 + 1 · 3 + 1 · 3 ☐	2 · 7 + 1 · 7 ☐
7 · 3 ☐	1 · 7 + 1 · 7 + 1 · 7 ☐	4 · 3 + 3 · 3 ☐

6 · 4 ☐	6 · 3 + 6 · 3 + 6 · 3 ☐	3 · 4 + 3 · 4 ☐
6 · 3 ☐	3 · 8 + 3 · 8 + 6 · 4 ☐	5 · 4 + 1 · 4 ☐
3 · 8 ☐	2 · 4 + 2 · 4 + 2 · 4 ☐	2 · 6 + 2 · 6 ☐

3 Finde immer 3 Aufgaben.

a)  b)  c)  d)

Hinweis: Immer das gesamte Punktebild betrachten.

4 Zeichne passende Punktbilder.

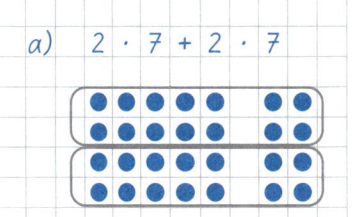

a) $2 \cdot 7 + 2 \cdot 7$ **b)** $5 \cdot 3 + 2 \cdot 3$ **c)** $10 \cdot 5 + 1 \cdot 5$

d) $2 \cdot 8 + 1 \cdot 8$ **e)** $3 \cdot 9 + 2 \cdot 9$ **f)** $4 \cdot 6 + 5 \cdot 6$

g) Meine Aufgabe.

5 Finde und markiere passende Aufgaben.

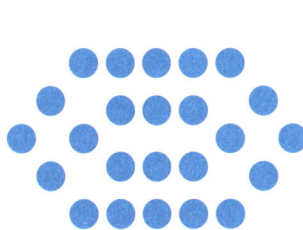 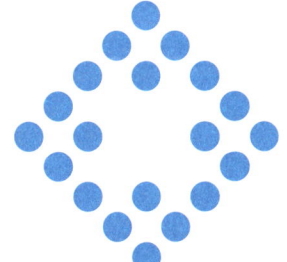 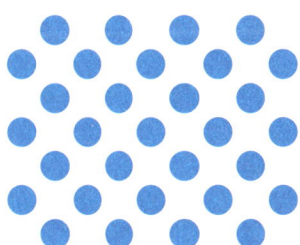

6 Meine Punktebilder.

7 ✔ oder ✘ ?

 Ich sehe $4 \cdot 3 + 1 \cdot 4$.

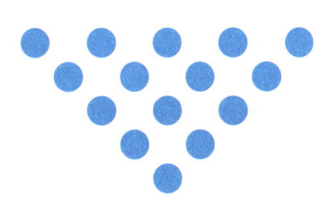

Ich sehe $2 \cdot 6 + 1 \cdot 3$.

---

5. ↑ SuS übertragen Punktebilder ins Heft und finden und notieren weitere Multiplikationsaufgaben.

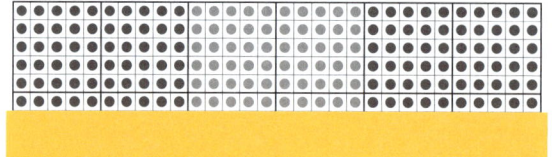

Ich rechne mit Zehnern wie mit Einern.

6 · 30 = 180
6 · 3 = 18

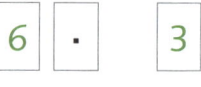

1

| 7 · 3 0 = | 5 · 5 0 = | 3 · 5 0 = |
| 7 · 3 = | 5 · 5 = | 3 · 5 = |

| 8 · 2 0 = | 9 · 6 0 = | 6 · 7 0 = |
| 8 · 2 = | 9 · 6 = | 6 · 7 = |

| 2 · 3 0 = | 7 · 8 0 = | 8 · 5 0 = |
| 2 · 3 = | 7 · 8 = | 8 · 5 = |

| 6 · 4 0 = | 4 · 7 0 = | 9 · 4 0 = |
| 6 · 4 = | 4 · 7 = | 9 · 4 = |

2 Nutze .

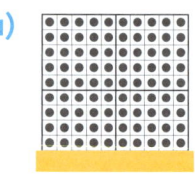 a)

| a) | 9 · 1 0 = |
| | 9 · 1 = 9 |

b)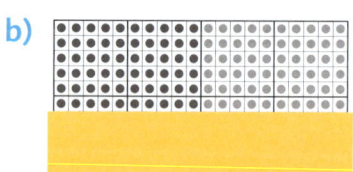

c)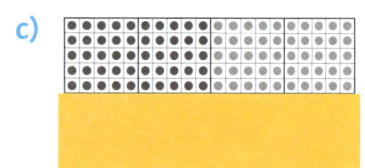

d)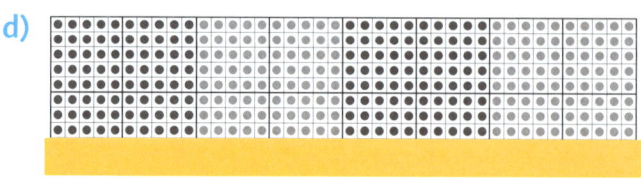

1. ↓ SuS legen die große Aufgabe am Tausenderfeld oder stellen sie mit Geheimschrift dar.

3 Immer 4 Aufgaben passen zusammen.

6 · 30	8 · 4	30 · 7	7 · 3
70 · 3	6 · 3	4 · 8	3 · 7
4 · 80	8 · 40	3 · 6	3 · 60

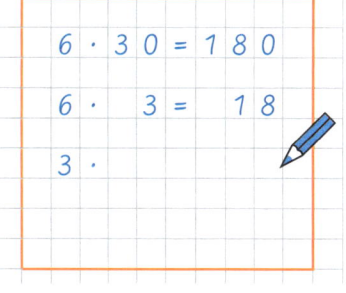

6 · 3 0 = 1 8 0
6 · 3 =   1 8
3 ·

4

a) 2 · 70
2 · 7

b) 4 · 30
4 · 3

c) 8 · 60
8 · 6

d) 3 · 100
3 · 10

e) 3 · 90
3 · 9

f) 5 · 40
5 · 4

g) 6 · 90
6 · 9

h) 10 · 50
10 · 5

i) 9 · 40
9 · 4

j) 3 · 30
3 · 3

k) 10 · 100
10 · 10

l) 40 · 3
4 · 3

m) 100 · 8
10 · 8

n) 70 · 9
7 · 9

o) 90 · 2
9 · 2

p) 70 · 8
7 · 8

q) 6 · 80
6 · 8

r) Meine
Paare.

5

a) 6 · 30

a) 6 · 3 0 =
6 · 3 = 1 8

b) 3 · 40

c) 9 · 20

d) 2 · 50

e) 9 · 90

f) 6 · 20

g) 8 · 30

h) 6 · 40

6 Vergleiche die Produkte. Was fällt dir auf?

a) 2 · 30
2 · 60

b) 9 · 30
9 · 60

c) 4 · 20
4 · 40

d) 7 · 40
7 · 80

e) 3 · 50
3 · 100

f) Meine
Paare.

7 Vergleiche die Produkte. Was fällt dir auf?

a) 3 · 20
6 · 20

b) 3 · 90
6 · 90

c) 2 · 40
4 · 40

d) 4 · 70
8 · 70

e) 5 · 30
10 · 30

f) Meine
Paare.

8 Vergleiche **6** und **7**. Was fällt dir auf?

der 1. Faktor	der 2. Faktor	das Produkt	immer um ...	größer/kleiner

9 Was entdeckt Amari
an der Stellenwerttafel?

H	Z	E

· 10 →

H	Z	E

Rechenwege verstehen

S. 59

5 · 18 🤔

Wie kann ich die Aufgabe lösen?

1 Schreibe die Multiplikationsaufgabe.

 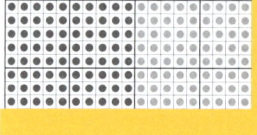 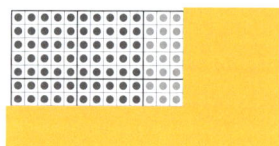 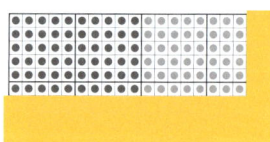

2 5 · 18 Wie löst Noa die Aufgabe? In welcher Reihenfolge?

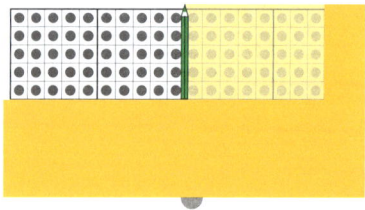 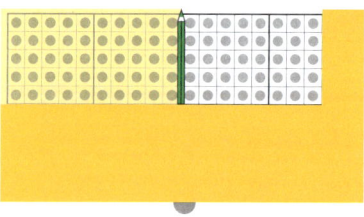 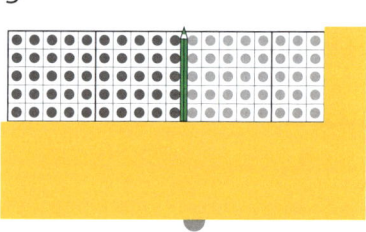

Zuletzt addiere ich beide Ergebnisse:
50 + 40 = 90

Dann multipliziere ich den 1. Faktor mit den Einern des 2. Faktors:
5 · 8 = 40

Ich multipliziere den 1. Faktor mit den Zehnern des 2. Faktors:
5 · 10 = 50

3 5 · 18 Erkläre Amaris Rechenweg.

Ich weiß:
18 = 9 + 9

Also rechne ich
5 · 9 + 5 · 9

3. ↑ SuS finden weitere Aufgaben, die sie wie Amari rechnen können.

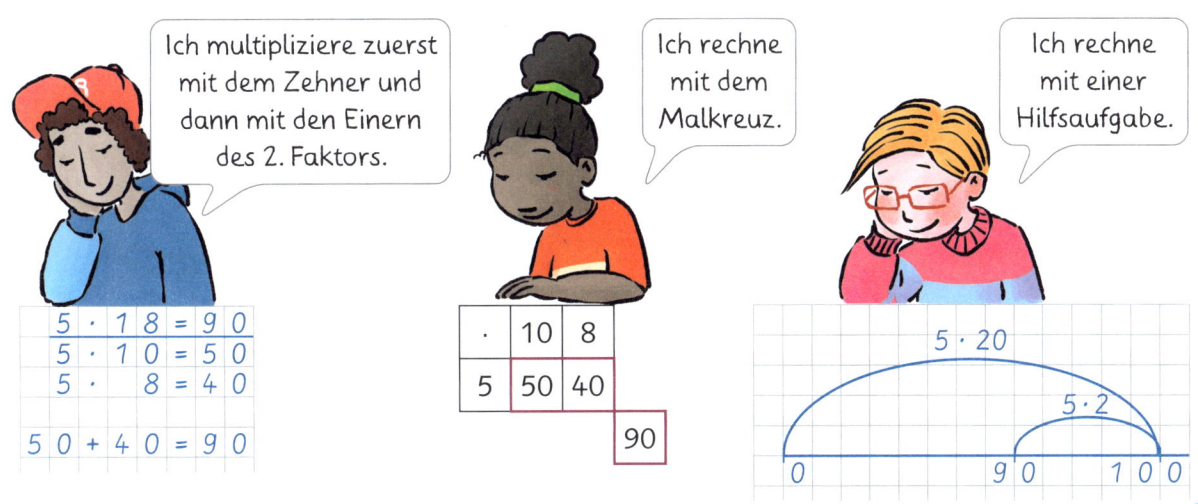

Ich multipliziere zuerst mit dem Zehner und dann mit den Einern des 2. Faktors.

$5 \cdot 18 = 90$
$5 \cdot 10 = 50$
$5 \cdot 8 = 40$
$50 + 40 = 90$

Ich rechne mit dem Malkreuz.

·	10	8
5	50	40

90

Ich rechne mit einer Hilfsaufgabe.

$5 \cdot 20$
$5 \cdot 2$
0   90   100

4 Wie lösen Noa, Amari und Samu die Aufgabe?

5 Wie löst du die Aufgaben?

a) $3 \cdot 16$ d) $8 \cdot 19$ g) $9 \cdot 16$ j) $7 \cdot 18$ m) $3 \cdot 19$

b) $6 \cdot 17$ e) $5 \cdot 19$ h) $6 \cdot 12$ k) $6 \cdot 19$ n) $8 \cdot 15$

c) $4 \cdot 15$ f) $7 \cdot 14$ i) $8 \cdot 17$ l) $4 \cdot 16$ o) $4 \cdot 18$

6 Wie rechnest du Multiplikationsaufgaben im Zahlenraum bis 1 000?

Wenn ich in das Suchfeld „Malkreuz" eingebe, finde ich Erklärvideos.

7 Mein Lösungsweg.

Zuerst rechne ich ..., dann ...

Zuerst zerlege ich ...

Ich multipliziere den 1. Faktor mit ...

Ich prüfe, ob der 2. Faktor ...

6. Nach Erklärungen zu den oben gezeigten Rechenwegen im Internet suchen.

Stellenweise multiplizieren

📖 S. 60

Zuerst multipliziere ich den 1. Faktor mit dem Zehner des 2. Faktors.

Dann multipliziere ich den 1. Faktor mit den Einern des 2. Faktors.

Zuletzt addiere ich beide Ergebnisse.

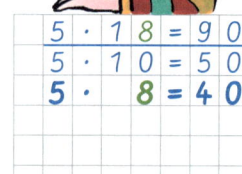

```
5 · 1 8 = 9 0
5 · 1 0 = 5 0
```

```
5 · 1 8 = 9 0
5 · 1 0 = 5 0
5 ·   8 = 4 0
```

```
5 · 1 8 = 9 0
5 · 1 0 = 5 0
5 ·   8 = 4 0

5 0 + 4 0 = 9 0
```

1

| 3 · 24 = | 8 · 16 = | 6 · 22 = |

  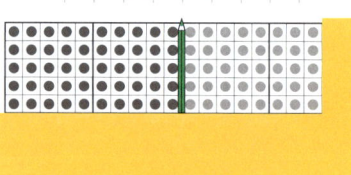

| 3 · 20 = | 8 · 10 = | 6 · 20 = |
| 3 · 4 = | 8 · 6 = | 6 · 2 = |

 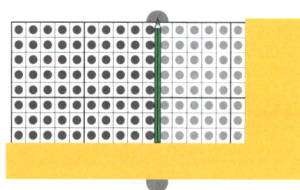 

2

a) 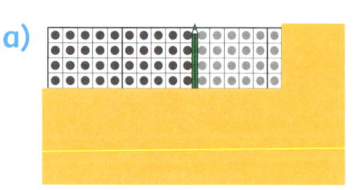   b)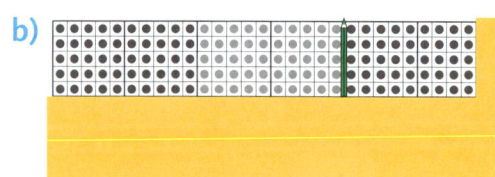

```
a)   4 · 1 6 = 6 4
     4 · 1 0 = 4 0
     4 ·   6 = 2 4

   4 0 + 2 4 = 6 4
```

c) 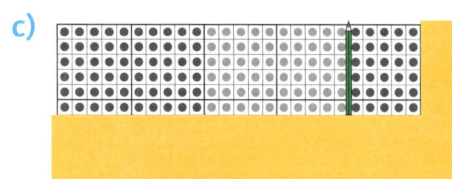   d)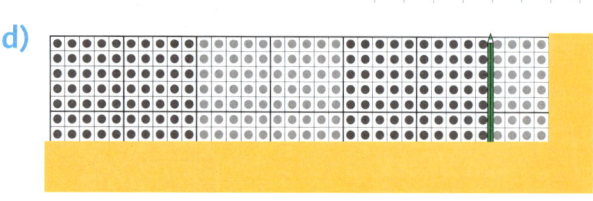

3

2 · 26	4 · 41	5 · 33	9 · 29	4 · 19

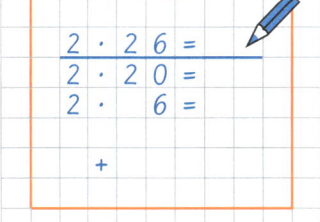

9 · 20	5 · 30	4 · 10	2 · 20	4 · 40
9 · 9	5 · 3	4 · 9	2 · 6	4 · 1

```
2 · 2 6 =
2 · 2 0 =
2 ·    6 =

    +
```

4

```
6 · 3 1 =
6 · 3 0 = 1 8 0
6 ·   1 =

1 8 0 +   6 =
```

```
8 · 2 3 =
```

```
3 · 4 6 =
```

5

a) 6 · 13	b) 3 · 17	c) 5 · 16	d) 4 · 29	e) 6 · 33
3 · 12	8 · 12	3 · 24	7 · 38	7 · 44
6 · 15	4 · 18	3 · 29	6 · 45	8 · 55
7 · 11	6 · 16	7 · 43	7 · 86	9 · 66

6

Bilde eigene Multiplikationsaufgaben.
Immer 3 Karten.

5	3	7	6	9

4 0	1 0	3 0

5 0	2 0

Immer zwei Einer und einen Zehner.

7

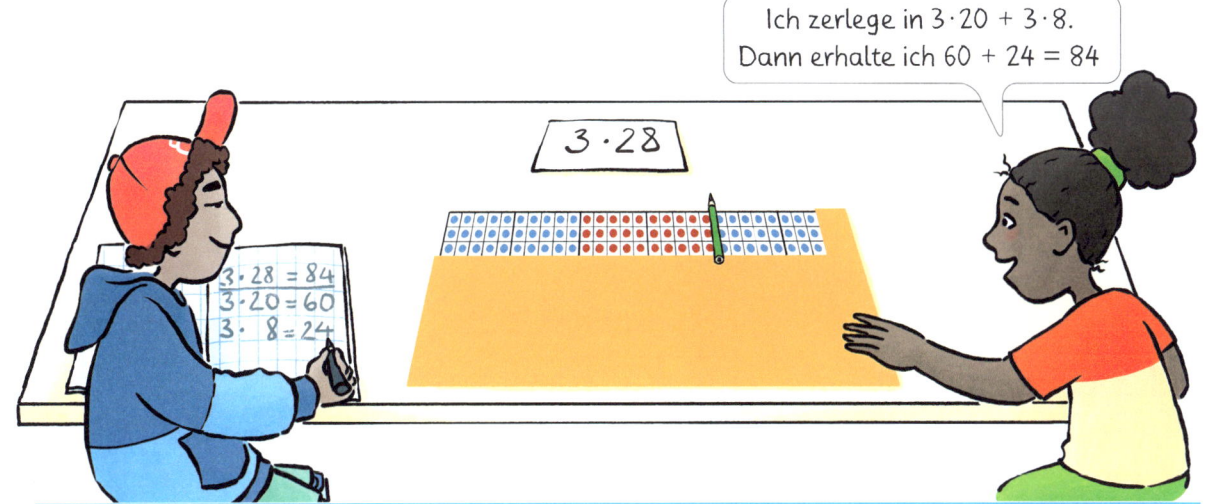

7. Partnerarbeit: Ein Kind zeigt die Zerlegung der Aufgabe am Tausenderfeld. Das Partnerkind notiert die Rechnung.

 5 · 18

Ich kann die Aufgabe auch im <u>Malkreuz</u> zerlegen. Ich schreibe die Stellenwerte getrennt.

Dann multipliziere ich den 1. Faktor mit dem Zehner und den Einern des 2. Faktors.

Zuletzt addiere ich beide Ergebnisse.

·	10	8
5		

·	10	8
5	50	40

·	10	8
5	50	40
		90

 **1**

3 · 17 =   4 · 35 =   8 · 19 =

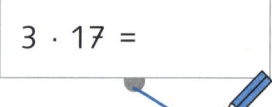

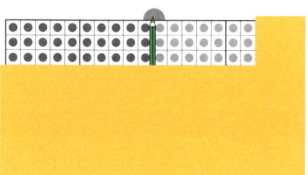

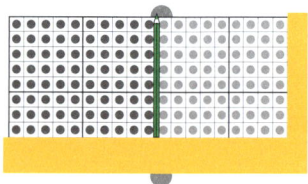

·	10	9
8		

·	30	5
4		

·	10	7
3		

 2

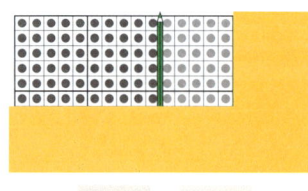

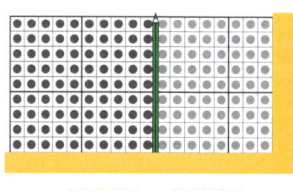

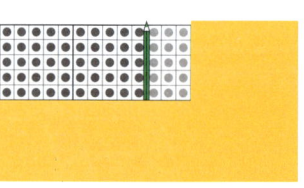

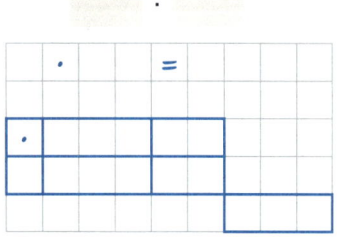

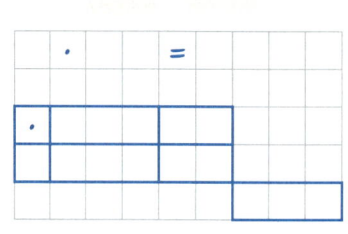

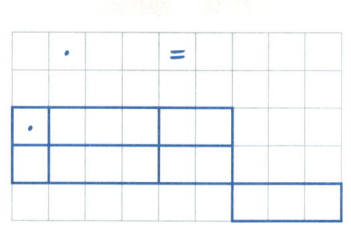

1.–2. ↓SuS notieren die Addition der Produkte unter dem Malkreuz.

3

4 · 3 7 =

7 · 2 3 =

3 · 4 2 =

6 · 2 9 =

2 · 3 7 =

9 · 2 4 =

9 · 6 1 =

7 · 5 9 =

3 · 5 5 =

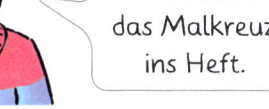

So zeichne ich das Malkreuz ins Heft.

4

a) 4 · 14
   9 · 11
   5 · 12
   6 · 16

b) 3 · 16
   6 · 13
   4 · 11
   8 · 14

①

②

c) 7 · 19
   3 · 18
   2 · 44
   8 · 21

d) 7 · 25
   4 · 32
   8 · 17
   9 · 28

③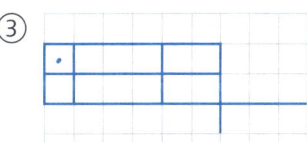

④

5 ✔ oder ✘ ?

a) 5 · 1 7 = 8 5

·		7	1 0
5 3 5	5 0		
			8 5

b) 6 · 1 3 = 4 8

·	1 0	6
3 3 0	1 8	
		4 8

c) 9 · 1 1 = 9 1

·	1 0	1
9 9 0	1	
		9 1

d) 7 · 1 4 = 8 8

·	1 0	4
7 7 0	2 8	
		8 8

e) 8 · 1 2 = 9 8

·	1 2	2
8 9 6	2	
		9 8

f) 5 · 1 4 = 7 0

·	1 0	4
5 5 0	2 0	
		7 0

---

3. ↓ SuS stellen die Aufgaben am Tausenderfeld dar.
5. Falsche Rechnungen im Heft korrigieren.

 5 · 18

Ich weiß:
5 · 20 = 100

Das Ergebnis ist 5·2,
also 10, weniger:
5 · 18 = 90

5 ·	1 8	=		9 0
5 ·	2 0	=	1	0 0
5 ·		2	=	1 0
1 0 0	−	1 0	=	9 0

1 Welche Aufgabe hilft?

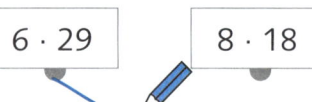 6 · 29   8 · 18   3 · 19   5 · 28   6 · 39   7 · 39

8 · 20   5 · 30   6 · 30   7 · 40   3 · 20   6 · 40

2

4 · 19 =
_____
4 · 20 = ☐
4 · 1 = ☐
☐ − ☐ =

8 · 29 =
_____
8 · 30 = ☐
8 · 1 = ☐
☐ − ☐ =

3 · 19 =
_____
3 · 20 = ☐
3 · 1 = ☐
☐ − ☐ =

5 · 29 =
_____
· = ☐
· = ☐
☐ − ☐ =

9 · 29 =
_____
· = ☐
· = ☐
☐ − ☐ =

4 · 38 =
_____
· = ☐
· = ☐
☐ − ☐ =

3

a) 8 · 19
   5 · 19
   4 · 49
   6 · 39

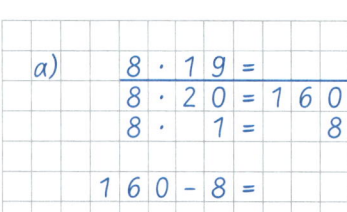
a)	8 · 1 9	=	
	8 · 2 0	=	1 6 0
	8 · 1	=	8
1 6 0	− 8	=	

b) 7 · 38
   9 · 18
   6 · 28
   7 · 48

c) 3 · 48
   4 · 29
   8 · 28
   5 · 69

d) 5 · 29
   9 · 48
   7 · 29
   8 · 68

1.–3. ↓ SuS stellen die Aufgaben am Tausenderfeld dar.

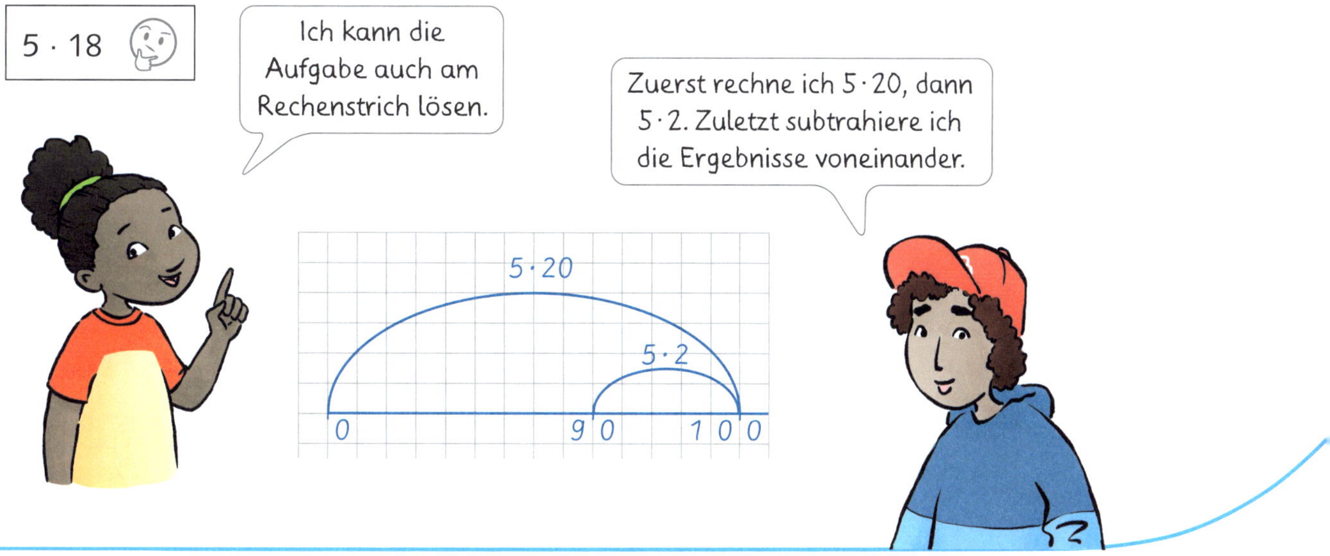

5 · 18 🤔

Ich kann die Aufgabe auch am Rechenstrich lösen.

Zuerst rechne ich 5·20, dann 5·2. Zuletzt subtrahiere ich die Ergebnisse voneinander.

5·20

5·2

0   9 0   1 0 0

4

6 · 18 =

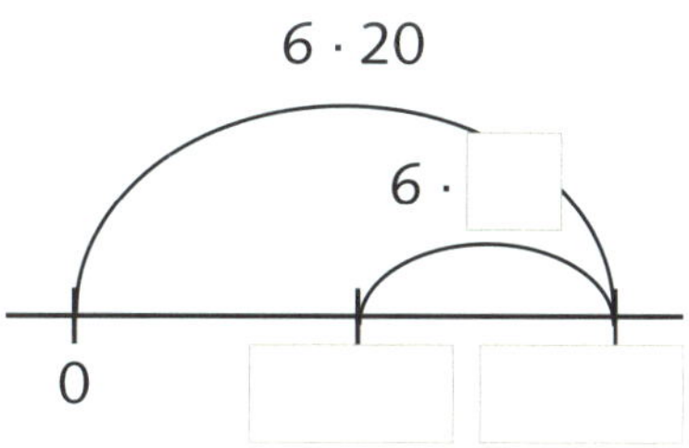

7 · 29 =

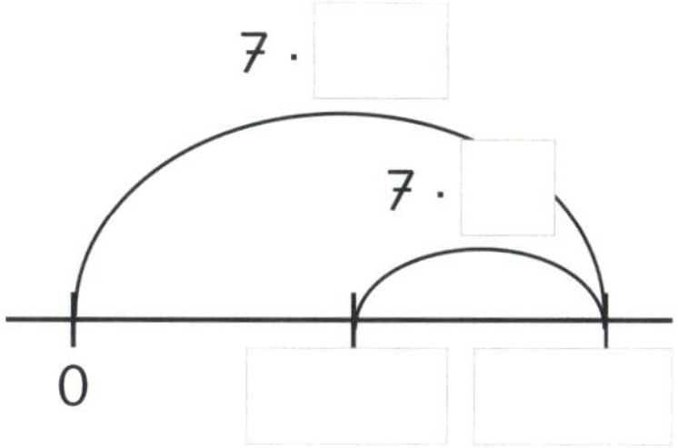

4 · 39 =

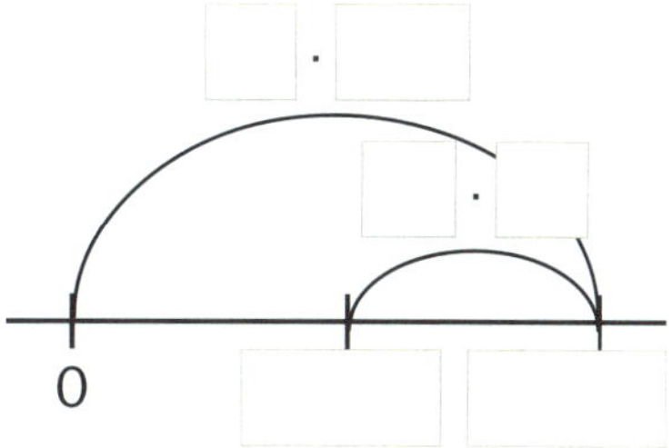

6 · 20

6 · ☐

0   ☐   ☐

7 · ☐

7 · ☐

0   ☐   ☐

☐ · ☐

☐ · ☐

0   ☐   ☐

8 · 29 =

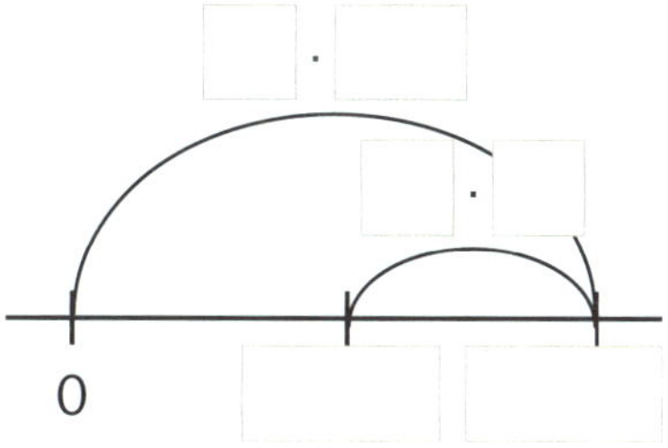

9 · 38 =

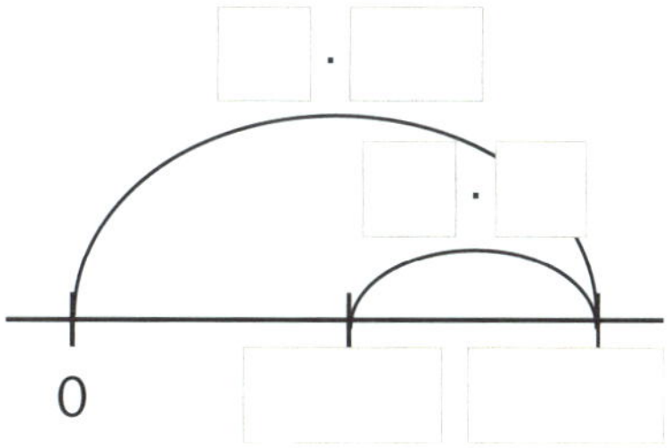

6 · 19 =

☐ · ☐

☐ · ☐

0   ☐   ☐

☐ · ☐

☐ · ☐

0   ☐   ☐

☐ · ☐

☐ · ☐

0   ☐   ☐

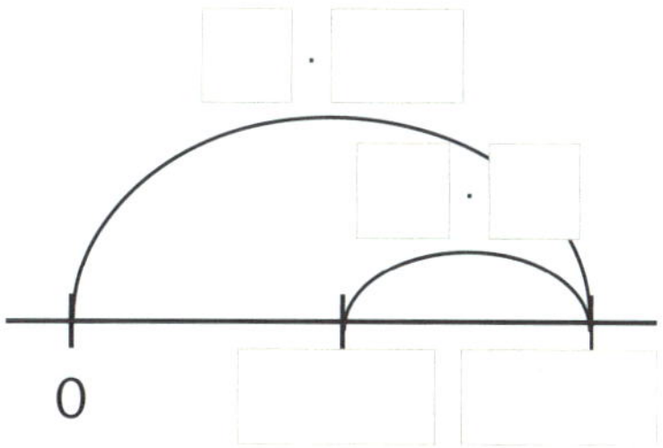

5 Wie heißt die Multiplikationsaufgabe?

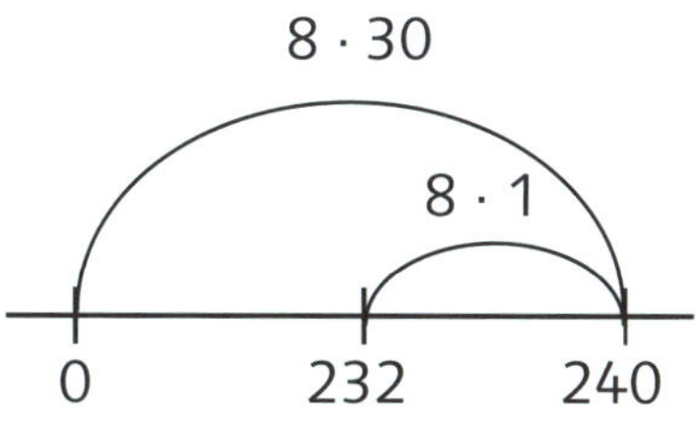

8 · 30

8 · 1

0   232   240

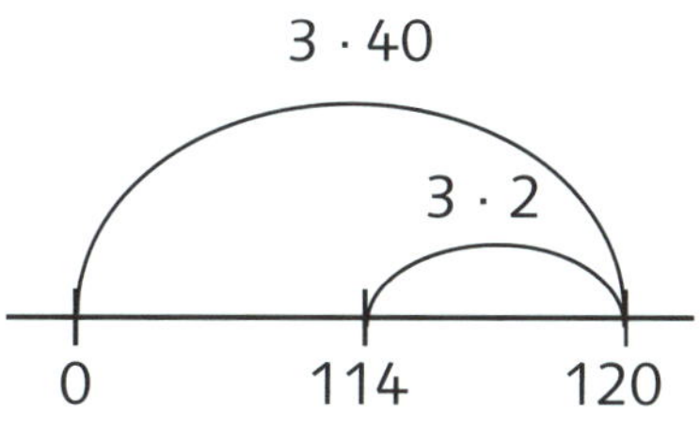

3 · 40

3 · 2

0   114   120

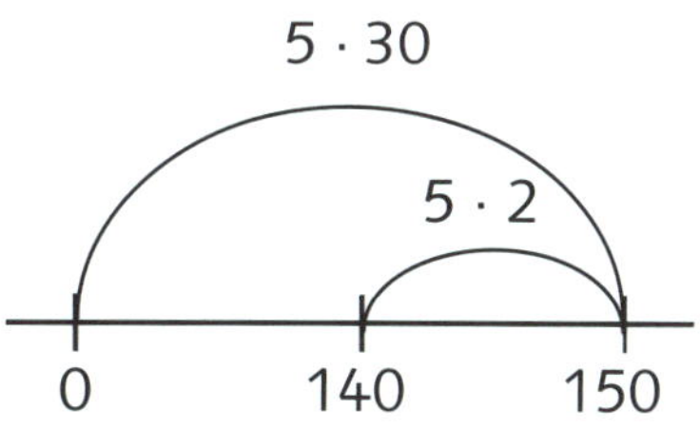

5 · 30

5 · 2

0   140   150

4.–5. ↑SuS lösen eigene Aufgaben mit dem Rechenstrich in Partnerarbeit.

15

Alle Rechenwege

S. 63

Riesen und Zwerge	Stellenweise multiplizieren	Die Hilfsaufgabe
	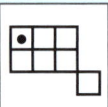	
6·30=180 6· 3= 18	5·18=90 5·10=50 5· 8=40 50+40=90	5·18=90 · 10 8 5 50 40 90	5·18= 90 5·20=100 5· 2= 10 100-10=90

1

4 · 80 =   6 · 90 =   7 · 30 =

  · =   · =   · =

7 · 40 =   5 · 80 =   3 · 90 =

  · =   · =   · =

2

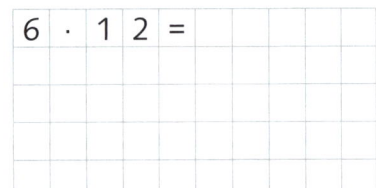   8 · 23 =   3 · 46 =

3 · 24 =   6 · 32 =   5 · 47 =

8 · 37 =   7 · 54 =   4 · 86 =

5 · 55 =   9 · 26 =   6 · 71 =

2. SuS entscheiden, ob sie im Malkreuz oder halbschriftlich untereinander multiplizieren.

3

$$6 \cdot 29 = \underline{\hspace{3cm}}$$
$$\cdot \quad = \boxed{}$$
$$\cdot \quad = \boxed{}$$
$$\boxed{} - \boxed{} =$$

$$8 \cdot 49 = \underline{\hspace{3cm}}$$
$$\cdot \quad =$$
$$\cdot \quad =$$
$$- \quad =$$

$$7 \cdot 18 = \underline{\hspace{3cm}}$$
$$\cdot \quad =$$
$$\cdot \quad =$$
$$- \quad =$$

4 Welchen Rechenweg nutzt du?

a) 5 · 28
4 · 21
6 · 23
8 · 29
7 · 26

a) 5 · 28 = 140
    5 · 30 = 150
    5 · 2 = 10
    150 − 10 = 140

b) 5 · 33
7 · 31
8 · 38
9 · 39
2 · 36

c) 6 · 45
7 · 42
9 · 41
4 · 44
3 · 46

d) 7 · 81
5 · 93
8 · 66
5 · 48
6 · 85

5 Addiere jeweils die Produkte aus den Aufgabenpaaren. Was fällt dir auf?

a) 6 · 34
4 · 34

b) 2 · 18
8 · 18

c) 3 · 26
7 · 26

d) 7 · 23
3 · 23

e) 4 · 59
6 · 59

f) 5 · 33
5 · 33

g) 3 · 21
7 · 21

Mir fällt auf, dass ...

h) 1 · 99
9 · 99

i) 8 · 58
2 · 58

j) 6 · 71
4 · 71

k) 7 · 45
3 · 45

l) 9 · 78
1 · 78

m) 2 · 81
8 · 81

6 Vergleiche die Ergebnisse. Was fällt dir auf?

a) 4 · 29
5 · 29

b) 2 · 38
3 · 38

c) 6 · 19
7 · 19

d) 8 · 39
9 · 39

e) 5 · 28
6 · 28

7 Dreht einen Erklärfilm zu einem der Rechenwege.

1 Thema festlegen
2 Drehbuch schreiben
3 Rollen festlegen
4 Dreh vorbereiten
5 Dreh
6 Film ab

9. Die ausführliche Erklärung zum Filmdreh ist im AH 3 A auf S. 97.

1 Immer 4 Karten bilden ein Quartett.

8 · 40 − 8 · 1	8 · 10 + 8 · 5	5 · 69
8 · 39	5 · 60 + 5 · 9	5 · 70 − 5 · 1
10 · 15 − 2 · 15	8 · 15	8 · 30 + 8 · 9

8 · 3 9 =

5 · 6 9 =

8 · 1 5 =

2

4 · 29	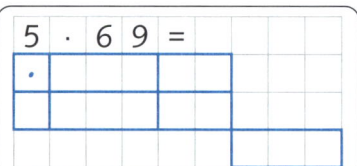	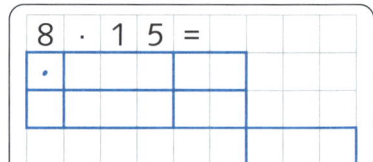
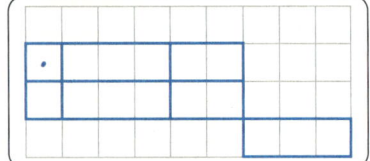	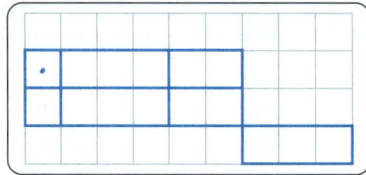	5 · 10 + 5 · 9
	3 · 50 − 3 · 2	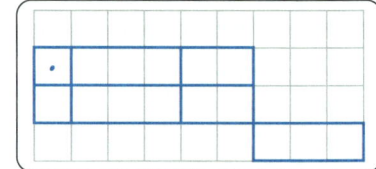

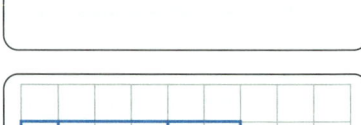

18

1. ↑ Eigene Quartettkarten erstellen.
2. Aufgabe, Zerlegung der Aufgabe und Rechnung im Malkreuz notieren.

4	·	1 5	=	4 0	+	2 0	=	6 0
4	·	2 5	=	8 0	+	2 0	=	1 0 0
4	·	3 5	=	1 2 0	+	2 0	=	1 4 0
4	·	4 5	=	1 6 0	+	2 0	=	1 8 0

Der 1. Faktor bleibt gleich.

Der 2. Faktor wird immer ...

...

Der 1. Faktor ...

Der 2. Faktor ...

Das Produkt der Zehneraufgabe ...

Das Produkt der Eineraufgabe ...

Das gesamte Produkt ...

---

1 Was fällt dir auf?

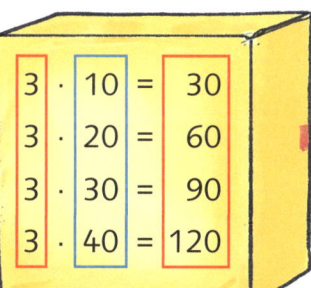

3 · 10	=	30
3 · 20	=	60
3 · 30	=	90
3 · 40	=	120

$3 \cdot 10 = 30$ ⟍
　　　　　　　　（+ 30）
$3 \cdot 20 = 60$ ⟍
　　　　　　　　（+ 30）
$3 \cdot 30 = 90$ ⟍
　　　　　　　　（+ 30）
$3 \cdot 40 = 120$ ⟋

2 · 15 =
2 · 14 =
2 · 13 =
2 · 12 =

 *Wenn ich das Muster erkenne, dann brauche ich nicht mehr rechnen.*

9 · 21 =
7 · 21 =
5 · 21 =
3 · 21 =

3 · 27 =
6 · 27 =
9 · 27 =
12 · 27 =

2

a)	b)	c)	d)	e)
6 · 24	3 · 46	7 · 31	5 · 93	Mein Musterpaket.
6 · 34	3 · 36	7 · 51	5 · 83	
6 · 44	3 · 26	7 · 71	5 · 73	
6 · 54	3 · 16	7 · 91	5 · 63	

---

3 Finde passende Musterpakete.

a)  *Der 1. Faktor bleibt gleich. Der 2. Faktor wird immer um 10 größer. Das Produkt wird immer um 50 größer.*

b)  *Der 1. Faktor wird immer um 2 größer und ist eine gerade Zahl. Der 2. Faktor bleibt gleich. Das Produkt wird immer um das Doppelte des zweiten Faktors größer.*

---

1. SuS lösen Musterpakete. Sie markieren Auffälligkeiten an den Aufgaben und bilden passende Sätze.

15 · 18

Zuerst multipliziere ich den Zehner des 1. Faktors mit dem Zehner und den Einern des 2. Faktors.

Dann multipliziere ich die Einer des 1. Faktors mit dem Zehner und den Einern des 2. Faktors.

Zuletzt addiere ich alle vier Ergebnisse.

```
15 · 18 =
10 · 10 = 100
10 ·  8 =  80
```

```
15 · 18 =
10 · 10 = 100
10 ·  8 =  80
 5 · 10 =  50
 5 ·  8 =  40
```

```
              15 · 18 = 270
              10 · 10 = 100
              10 ·  8 =  80
               5 · 10 =  50
               5 ·  8 =  40

100 + 80 + 50 + 40 = 270
```

1

```
18 · 12 =
10 · 10 =
10 ·    2 =
 8 · 10 =
 8 ·    2 =
```

```
25 · 19 =
       =
       =
       =
       =
```

```
15 · 28 =
       =
       =
       =
       =
```

```
13 · 36 =
       =
       =
       =
       =
```

```
  2 0 0
     8 0
  1 0 0
+ 1 4 0
  4 2 0
```

```
  1 0 0
     2 0
     8 0
+ 1 1 6
  2 1 6
```

```
  2 0 0
  1 8 0
     5 0
+ 1 4 5
  4 7 5
```

```
  3 0 0
     6 0
     9 0
+ 1 1 8
  4 6 8
```

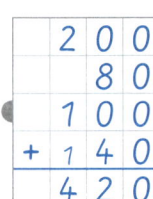

+/−

2

a) 12 · 54   b) 48 · 16   c) 57 · 12
   28 · 25   29 · 11   19 · 31
   42 · 17   23 · 38   36 · 17

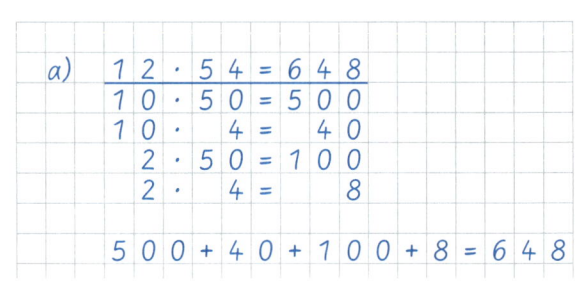

```
a)  12 · 54 = 648
    10 · 50 = 500
    10 ·  4 =  40
     2 · 50 = 100
     2 ·  4 =   8

    500 + 40 + 100 + 8 = 648
```

1. Stellenweise multiplizieren und die Rechnung mit der richtigen Addition der Produkte verbinden. Das Gesamtergebnis notieren.

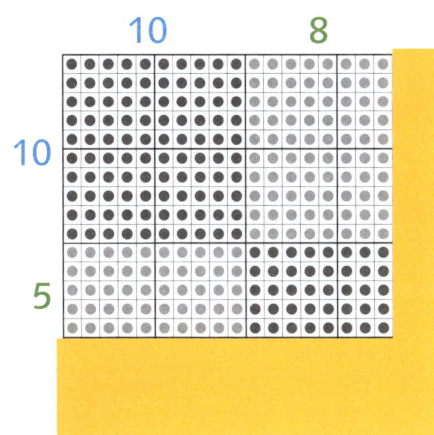

10   8

10

5

$15 \cdot 18 =$

·	10	8	
10	100	80	180
5	50	40	90
			270

Ich kann die Aufgabe auch im Malkreuz zerlegen.

3

$27 \cdot 14 =$

·	10	4
20	200	
7		

$18 \cdot 22 =$

·		

$31 \cdot 13 =$

·		

$17 \cdot 35 =$

·		

$36 \cdot 23 =$

·		

$13 \cdot 38 =$

·		

4

a) $52 \cdot 11$
$34 \cdot 13$
$42 \cdot 16$
$58 \cdot 12$

b) $35 \cdot 11$
$73 \cdot 12$
$39 \cdot 13$
$17 \cdot 36$

c) $46 \cdot 16$
$46 \cdot 19$
$68 \cdot 13$
$75 \cdot 12$

d) $36 \cdot 12$
$24 \cdot 18$
$19 \cdot 33$
$15 \cdot 66$

e) $35 \cdot 13$
$23 \cdot 19$
$17 \cdot 55$
$14 \cdot 77$

5

Bilde eigene Multiplikationsaufgaben.
Immer 4 Karten.

8	5	4	7	9

2 0	1 0	3 0

5 0	2 0

1 5 · 1 3

$15 \cdot 13 = 195$

·	10	3	
10	100	30	130
5	50	15	65
			195

Immer zwei Zehner und zwei Einer.

15 · 32

Ich zerlege den 2. Faktor so, dass ich die Aufgabe leicht rechnen kann.

Ich versuche, in möglichst wenigen Schritten zu rechnen.

```
15 · 32 =
15 · 10 = 150
15 · 10 = 150
15 · 10 = 150
15 ·  2 =  30
150 + 150 + 150 + 30 = 480
```

```
15 · 32 =
15 · 30 = 450
15 ·  2 =  30
450 + 30 = 480
```

1

```
15 · 24 =
15 · 20 =
15 ·  4 =

    +    =
```

```
12 · 16 =
12 · 10 =
12 ·  6 =

    +    =
```

```
14 · 16 =
14 · 10 =
14 ·  6 =

    +    =
```

```
15 · 22 =
15 · 20 =
15 ·  2 =

    +    =
```

```
13 · 22 =
13 · 20 =
13 ·  2 =

    +    =
```

```
17 · 22 =
17 · 20 =
17 ·  2 =

    +    =
```

```
15 · 34 =
15 · 30 =
15 ·  4 =

    +    =
```

```
13 · 33 =
13 · 30 =
13 ·  3 =

    +    =
```

```
11 · 28 =
11 · 20 =
11 ·  8 =

    +    =
```

```
12 · 18 =
12 · 10 =
12 ·  8 =

    +    =
```

```
11 · 25 =
11 · 20 =
11 ·  5 =

    +    =
```

```
11 · 65 =
11 · 60 =
11 ·  5 =

    +    =
```

```
13 · 26 =
13 · 20 =
13 ·  6 =

    +    =
```

```
11 · 34 =
11 · 30 =
11 ·  4 =

    +    =
```

```
22 · 44 =
22 · 40 =
22 ·  4 =

    +    =
```

2

a)	b)	c)	d)	e)
13 · 24	22 · 22	12 · 28	27 · 12	33 · 13
11 · 68	14 · 14	15 · 36	46 · 11	75 · 12
14 · 21	15 · 28	12 · 25	55 · 12	23 · 13

15 · 32 🤔

Ich kann die Aufgabe auch am Rechenstrich lösen.

Ich rechne schrittweise mit dem Rechenstrich.

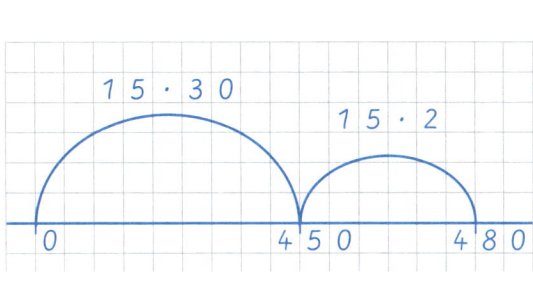

15 · 30

15 · 2

0   450   480

3

| 15 · 28 = | 14 · 27 = | 14 · 15 = |

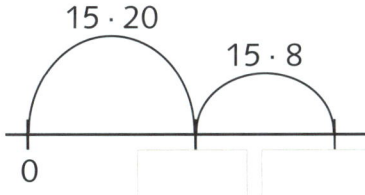
15 · 20   15 · 8
0

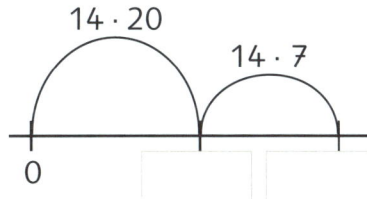
14 · 20   14 · 7
0

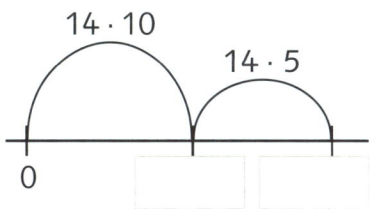
14 · 10   14 · 5
0

| 14 · 24 = | 12 · 36 = | 13 · 34 = |

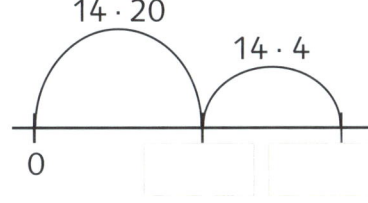
14 · 20   14 · 4
0

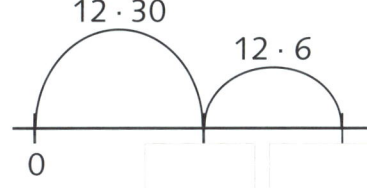
12 · 30   12 · 6
0

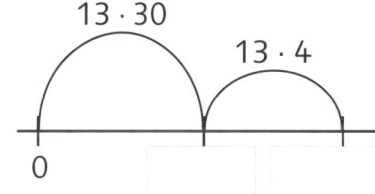
13 · 30   13 · 4
0

4 Wie heißt die Multiplikationsaufgabe?

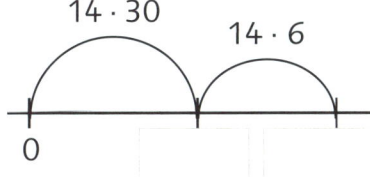
14 · 30   14 · 6
0

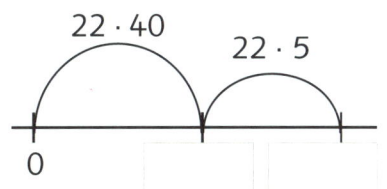
22 · 40   22 · 5
0

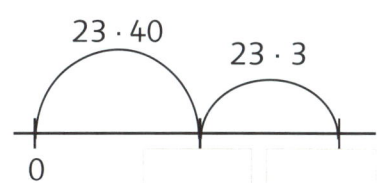
23 · 40   23 · 3
0

5

a) 15 · 18
14 · 26
15 · 19

b) 16 · 33
15 · 15
14 · 25

c) 26 · 16
24 · 16
27 · 15

d) 35 · 15
33 · 17
75 · 14

e) 63 · 15
41 · 13
52 · 12

1  Immer 2 Aufgaben.

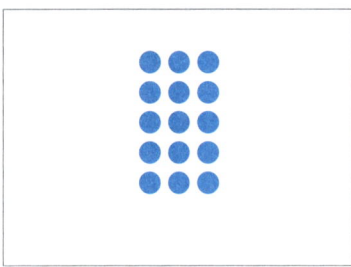 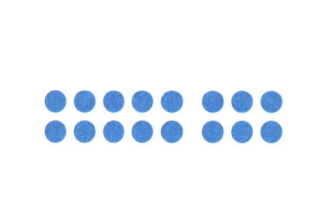 

2

$4 \cdot 9 + 1 \cdot 9$ $6 \cdot 3 + 2 \cdot 3$ $1 \cdot 4 + 4 \cdot 4$

3

$4 \cdot 60 =$ $6 \cdot 70 =$ $3 \cdot 30 =$

$\quad \cdot \quad =$ $\quad \cdot \quad =$ $\quad \cdot \quad =$

$2 \cdot 30 =$ $7 \cdot 40 =$ $5 \cdot 60 =$

$\quad \cdot \quad =$ $\quad \cdot \quad =$ $\quad \cdot \quad =$

4

$2 \cdot 19 =$ $4 \cdot 39 =$ $8 \cdot 48 =$

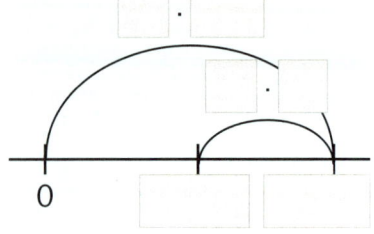 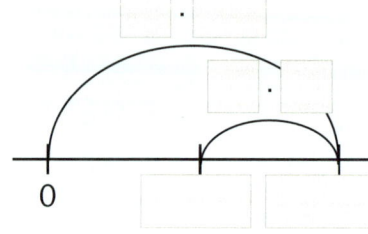 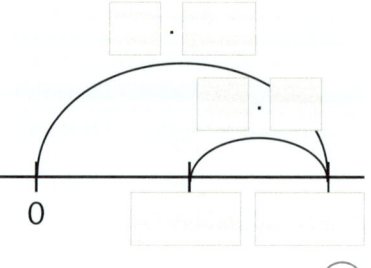

5

5 · 1 8 =

4 · 2 2 =

7 · 4 1 =

6 · 3 2 =

9 · 2 4 =

3 · 9 9 =

3 · 2 6 =

7 · 3 4 =

6 · 1 7 =

6

1 6 · 3 2 =

2 5 · 1 4 =

3 4 · 2 2 =

1 4 · 3 3 =

3 1 · 1 3 =

1 2 · 2 8 =

7

1 3 · 2 3 =
· =
· =
+ =

1 5 · 1 4 =
· =
· =
+ =

1 4 · 4 5 =
· =
· =
+ =

25

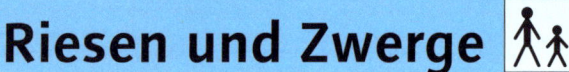
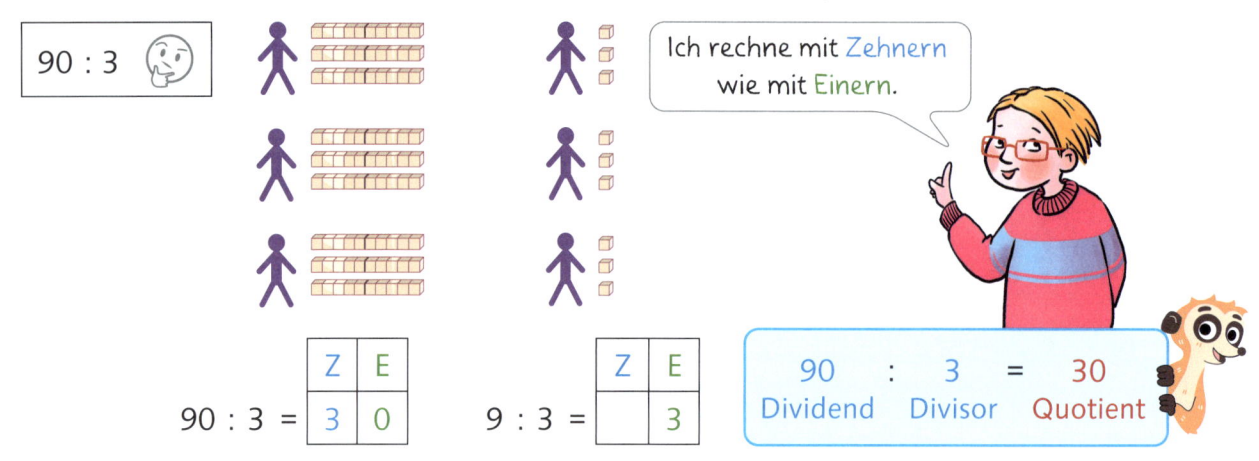

$90 : 3$ 🤔

Ich rechne mit Zehnern wie mit Einern.

	Z	E
$90 : 3 =$	3	0

	Z	E
$9 : 3 =$		3

$$\underset{\text{Dividend}}{90} \quad : \quad \underset{\text{Divisor}}{3} \quad = \quad \underset{\text{Quotient}}{30}$$

1

$80 : 4 =$	$150 : 5 =$	$120 : 3 =$	$240 : 6 =$

$24 : 6 =$	$12 : 3 =$	$15 : 5 =$	$8 : 4 =$

2

$80 : 4 =$	$150 : 5 =$	$120 : 3 =$	$240 : 6 =$

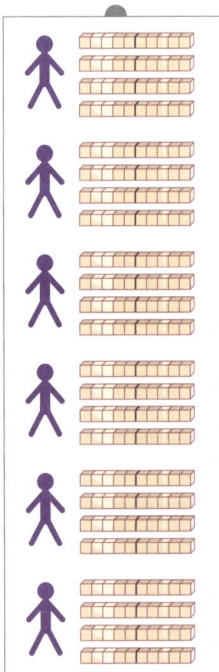 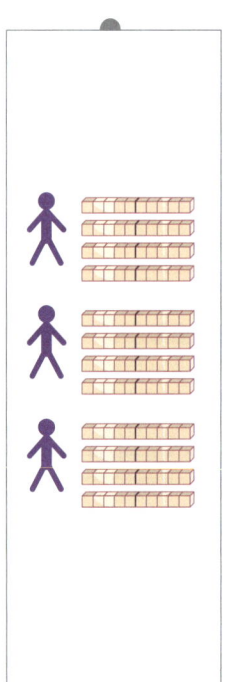 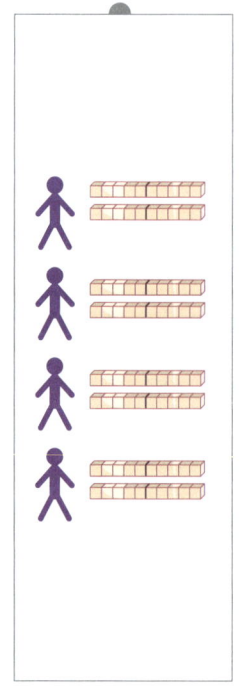 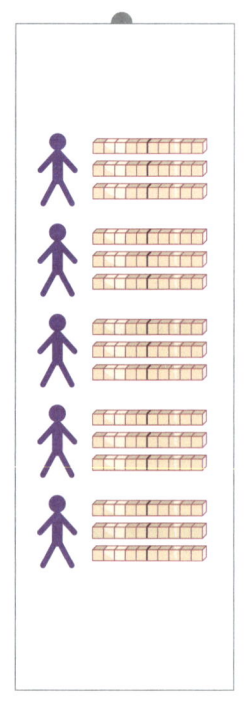

3

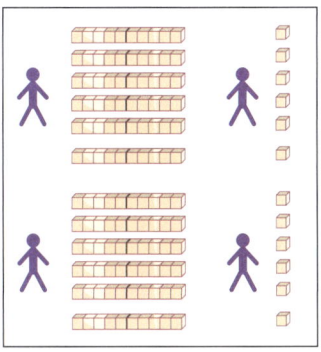
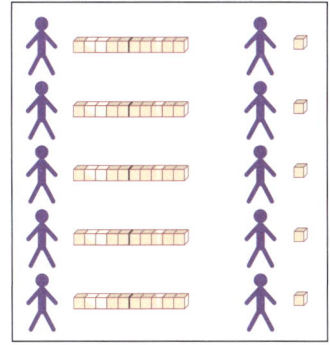
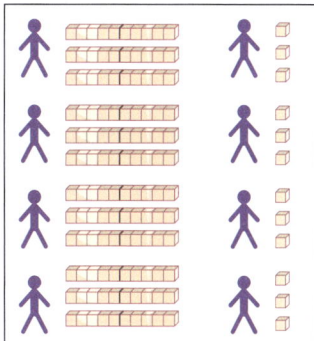

120 : 2 =   : =   : =

12 : 2 =   : =   : =

> Ich rechne zuerst die Zwergenaufgabe.

4

40 : 2 =   100 : 5 =   120 : 6 =   320 : 8 =

4 : 2 =   : 5 =   : 6 =   : 8 =

140 : 7 =   240 : 4 =   450 : 9 =   360 : 6 =

: =   : =   : =   : =

5

Nutze .

a) 180 : 9
600 : 6
540 : 9
350 : 7

| a) | 1 8 0 : 9 = |
| | 1 8 : 9 = 2 |

b) 630 : 9
240 : 4
180 : 2
480 : 6

c) 810 : 9
250 : 5
360 : 4
240 : 6

d) 180 : 6
270 : 3
420 : 7
630 : 7

6

Erstelle ein Erklärvideo zu der Aufgabe 360 : 6 .

Wie kannst du diese Aufgabe mit  lösen?

1 Drehbuch schreiben
2 Rollen festlegen
3 Dreh vorbereiten
4 Dreh
5 Film ab

6. Die ausführliche Erklärung zum Filmdreh ist im AH 3 A auf S. 97.

 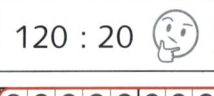
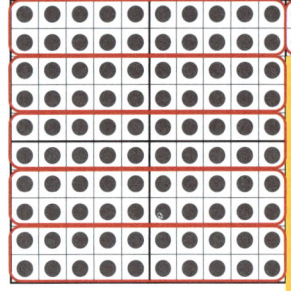

120 : 20 = 6

20 passt 6 mal in 120.

2 passt 6 mal in 12.

12 : 2 = 6

1

210 : 70 =	150 : 30 =	120 : 30 =	360 : 60 =
36 : 6 =	12 : 3 =	21 : 7 =	15 : 3 =

2

320 : 40 =	140 : 20 =	210 : 70 =	360 : 40 =
32 : 4 =	: =	: =	: =
720 : 80 =	540 : 90 =	480 : 60 =	450 : 50 =
: =	: =	: =	: =
360 : 60 =	640 : 80 =	490 : 70 =	250 : 50 =
: =	: =	: =	: =
180 : 60 =	180 : 30 =	180 : 20 =	180 : 90 =
: =	: =	: =	: =

3

Nutze 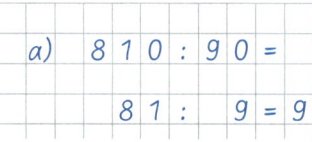.

a) 810 : 90
720 : 80
420 : 70

a) 8 1 0 : 9 0 =
8 1 : 9 = 9

b) 300 : 30
550 : 50
350 : 50

c) 160 : 40
280 : 40
320 : 80

d) 270 : 30
440 : 40
540 : 90

2. Aufgabe und Tauschaufgabe notieren.
↓ Große Aufgabe am Tausenderfeld legen / mit Geheimschrift darstellen.

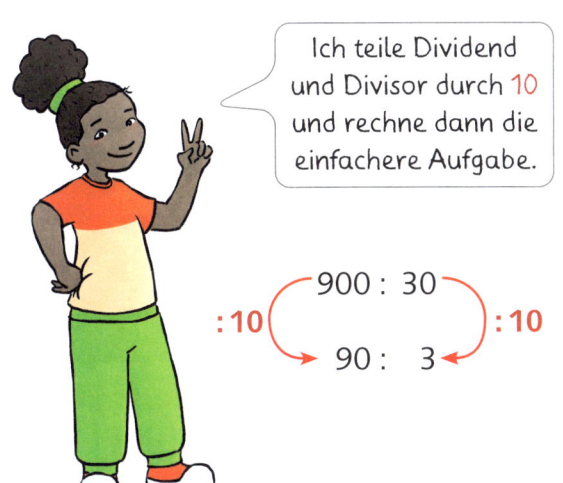

Ich teile Dividend und Divisor durch 10 und rechne dann die einfachere Aufgabe.

Hier kann ich durch 100 teilen.

: 10 ⌢ 900 : 30 ⌣ : 10
90 : 3

: 100 ⌢ 900 : 300 ⌣ : 100
9 : 3

4

800 : 200 =	270 : 30 =	560 : 80 =	630 : 90 =
480 : 80 =	900 : 100 =	210 : 30 =	270 : 90 =
420 : 70 =	160 : 40 =	360 : 60 =	200 : 200 =

5 Vergleiche die Ergebnisse. Was fällt dir auf?

Ich kürze auf beiden Seiten gleich viele Nullen.

90 : 30 =
900 : 30 =
900 : 300 =
90 : 3 =
9 : 3 =

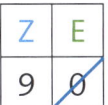  = 3

 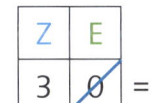 = 30

10 : 2 =
100 : 20 =
1000 : 200 =
100 : 2 =
1000 : 20 =

6 Nutze .

a) 280 : 40
240 : 3
120 : 2

 a) 2 8 0̸ : 4 0̸ =

b) 700 : 70
150 : 5
900 : 300

c) 1000 : 500
160 : 2
72 : 8

d) 40 : 20
270 : 9
420 : 6

7 ✔ oder ✗ ?

a) 150 : 50 = 30 ☐
90 : 10 = 9 ☐

b) 1000 : 500 = 10 ☐
450 : 90 = 90 ☐

c) 560 : 80 = 70 ☐
400 : 4 = 100 ☐

7. Falsche Rechnungen im Heft korrigieren.

Die Umkehraufgabe S. 70–71

250 : 50

Ich sehe die Geteiltaufgabe.

250 : 50 =

· 50 = 250

Ich sehe die Malaufgabe.

Wenn ich die Geteiltaufgabe nicht lösen kann, hilft mir die Umkehraufgabe.

---

1 Verbinde mit der passenden Umkehraufgabe.

| 280 : 4 = 70 | 240 : 6 = 40 | 40 : 4 = 10 | 40 : 10 = 4 | 240 : 40 = 6 |

| 6 · 40 = 240 | 10 · 4 = 40 | 70 · 4 = 280 | 40 · 6 = 240 | 4 · 10 = 40 |

---

2 Finde die 3. Zahl mit der Umkehraufgabe.

| 720 | 8 | | | 420 | 7 | | | 180 | 3 | |

: =

· =

| 450 | 5 | | | 480 | 60 | | | 360 | 40 | |

: =

· =

| 200 | 40 | | | 720 | 90 | | | 360 | 6 | |

: =

· =

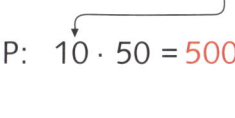
Die Probe zeigt, dass dein Ergebnis falsch ist. Dividend der Geteiltaufgabe und Ergebnis der Umkehraufgabe sind nicht gleich.

250 : 50 = 10
Stimmt das Ergebnis?
Ich prüfe mit der Umkehraufgabe.

250 : 50 = 10
P: 10 · 50 = 500

3 ✔ oder ✘? Prüfe mit der Umkehraufgabe.

540 : 60 = 9 ☐
· =

810 : 9 = 90 ☐
· =

360 : 60 = 4 ☐
· =

600 : 60 = 10 ☐
· =

120 : 6 = 20 ☐
· =

Mit der Umkehraufgabe kann ich auch prüfen, ob ich richtig gerechnet habe.

600 : 200 = 4 ☐
· =

480 : 6 = 70 ☐
· =

720 : 80 = 9 ☐
· =

480 : 80 = 8 ☐
· =

360 : 6 = 6 ☐
· =

4 Rechne die Aufgaben und überprüfe dein Ergebnis mit der Probe.

Ich kürze Probe mit P ab.

a) 1 000 : 500
720 : 90
120 : 30
160 : 40

a) 1 0 0 0 : 5 0 0 = 2
P: 2 · 5 0 0 = 1 0 0 0

b) 450 : 5
1 000 : 200
360 : 6
240 : 80

c) 1 000 : 20
250 : 50
180 : 4
540 : 4

Die Vielfachen einer Zahl erhältst du, indem du die Zahl mit 1, 2, 3, 4, 5, 6 … multiplizierst.

$1 \cdot 2 = 2$
$2 \cdot 2 = 4$
$3 \cdot 2 = 6$
$4 \cdot 2 = 8$
$5 \cdot 2 = 10$
$6 \cdot 2 = 12$

Alle Ergebnisse der Reihe mit 2 heißen Vielfache von 2. Vielfache von 2 können auch größer als 20 sein.

240 ist auch ein Vielfaches von 2, denn:
$120 \cdot 2 = 240$.

Die Vielfachen einer Zahl sind die Ergebnisse einer Malreihe.

---

1 Vielfache von …

5	50	500
5	50	
10		

3	30	300
3	30	
6		

2 Was fällt dir bei 1 auf?

3 Vielfache von …

a) 1, 10, 100   c) 4, 40, 400   e) 7, 70, 700

b) 2, 20, 200   d) 6, 60, 600   f) 8, 80, 800

Kannst du die Vielfachen auswendig aufsagen?

 4 Streiche die falschen Vielfachen.

Vielfache von [3] = 21, 25, 30, 33, 36, 38, 42, 45, 48, 51, 53, 57, 61, 63, 66

Vielfache von [40] = 360, 380, 420, 450, 480, 510, 530, 570, 610, 630, 660

Vielfache von [70] = 210, 250, 300, 330, 350, 380, 420, 450, 480, 510, 560

Teiler

S. 73

Wenn ich 40 durch 1, 2, 4 ... teile, erhalte ich ein Ergebnis ohne Rest.

$$40 : 1 = 40$$
$$40 : 2 = 20$$
$$40 : 4 = 10$$
$$40 : 5 = 8$$
$$40 : 8 = 5$$
$$40 : 10 = 4$$
$$40 : 20 = 2$$
$$40 : 40 = 1$$

Jede Zahl hat 1 und sich selbst als Teiler.

Die Teiler einer Zahl sind alle Zahlen, durch die ohne Rest geteilt werden kann.

1
a) Finde die Teiler von 18.
b) Finde die Teiler von 180.
c) Vergleiche die Teiler von 18 und 180. Was fällt dir auf?
d) Findest du weitere Teiler von 180?

Wenn ich die Teiler von 18 mit 10 multipliziere ...

2
✔ oder ✘ ?

8 ist ein Teiler von 250. ☐

    :   =

9 ist ein Teiler von 720. ☐

    :   =

90 ist ein Teiler von 720. ☐

    :   =

10 ist ein Teiler von 905. ☐

    :   =

25 ist ein Teiler von 500. ☐

    :   =

500 ist ein Teiler von 1000. ☐

    :   =

3
Welche Zahl ist es?

Meine Zahl ist der gemeinsame Teiler von 150 und 15 und größer als 10.

Meine Zahl ist der gemeinsame Teiler von 810 und 81 und größer als 5 aber kleiner als 10.

Meine Zahl ist ein Vielfaches von 4 und der gemeinsame Teiler von 720 und 72 und größer als 5.

---

1. SuS verwenden bei c) die Forschungsmittel, um ihre Entdeckungen zu markieren.

117 : 9

117 : 9 ist schwer. Aber ich weiß, 90 ist ein Vielfaches von 9. Ich rechne 90 : 9 = 10.

Es bleiben 27 übrig, denn 117 − 90 = 27. Jetzt rechne ich 27 : 9.

Zuletzt addiere ich die Ergebnisse.

```
1 1 7 : 9 =
   9 0 : 9 = 1 0
```

```
1 1 7 : 9 =
   9 0 : 9 = 1 0
   2 7 : 9 =    3
```

```
1 1 7 : 9 =
   9 0 : 9 = 1 0
   2 7 : 9 =    3
   1 0 + 3 = 1 3
```

1

104 : 8 =   96 : 8 =   84 : 6 =   76 : 4 =

```
8 0 : 8 = 1 0
1 6 : 8 =    2
1 0 + 2 = 1 2
```

```
8 0 : 8 = 1 0
2 4 : 8 =    3
1 0 + 3 = 1 3
```

```
6 0 : 6 = 1 0
2 4 : 6 =    4
1 0 + 4 = 1 4
```

```
4 0 : 4 = 1 0
3 6 : 4 =    9
1 0 + 9 = 1 9
```

2

```
6 4 : 4 =
4 0 : 4 =
2 4 : 4 =
    + =
```

```
1 3 6 : 8 =
   8 0 : 8 =
   5 6 : 8 =
    + =
```

```
1 7 1 : 9 =
   9 0 : 9 =
   8 1 : 9 =
    + =
```

```
7 2 : 4 =
4 0 : 4 =
```

```
1 2 0 : 8 =
   8 0 : 8 =
```

```
1 2 6 : 7 =
   7 0 : 7 =
```

3

a) 98 : 7
    52 : 4
    135 : 9

```
a)  9 8 : 7 =
    7 0 : 7 =
    2 8 : 7 =
```

b) 57 : 3
    153 : 9
    112 : 7

c) 152 : 8
    133 : 7
    108 : 9

d) 128 : 8
    56 : 4
    112 : 6

e) 96 : 8
    60 : 4
    114 : 6

f) 65 : 5
    152 : 8
    68 : 4

g) 97 : 7
    32 : 2
    52 : 4

h) 171 : 9
    68 : 4
    95 : 5

i) 144 : 8
    119 : 7
    108 : 6

284 : 4

Ich denke an die Vielfachen von 4:
50 · 4 = 200
10 · 4 = 40
1 · 4 = 4

2 8 4 : 4 = 7 1
2 0 0 : 4 = 5 0
4 0 : 4 = 1 0
4 0 : 4 = 1 0
4 : 4 = 1
5 0 + 1 0 + 1 0 + 1 = 7 1

Ich zerlege den Dividenden in so wenig Teilmengen wie möglich.

Ich weiß:
28 : 4 = 7, also ist 280 : 4 = 70.

2 8 4 : 4 = 7 1
2 8 0 : 4 = 7 0
4 : 4 = 1
7 0 + 1 = 7 1

4

1 2 8 : 4 =
1 2 0 : 4 =
8 : 4 =
+ =

1 2 3 : 3 =
1 2 0 : 3 =
3 : 3 =
+ =

1 6 4 : 4 =
1 6 0 : 4 =
4 : 4 =
+ =

1 8 6 : 6 =
1 8 0 : 6 =
6 : 6 =
+ =

1 5 3 : 3 =
1 5 0 : 3 =
3 : 3 =
+ =

1 5 5 : 5 =
1 5 0 : 5 =
5 : 5 =
+ =

1 7 6 : 8 =
1 6 0 : 8 =
1 6 : 8 =
+ =

2 2 2 : 3 =
2 1 0 : 3 =
1 2 : 3 =
+ =

1 9 5 : 5 =
1 5 0 : 5 =
4 5 : 5 =
+ =

8 3 7 : 9 =
8 1 0 : 9 =
2 7 : 9 =
+ =

2 3 1 : 7 =
2 1 0 : 7 =
2 1 : 7 =
+ =

3 7 8 : 6 =
3 6 0 : 6 =
1 8 : 6 =
+ =

5

a)	b)	c)	d)	e)
255 : 5	328 : 4	204 : 4	168 : 6	639 : 9
248 : 8	819 : 9	99 : 3	87 : 3	154 : 7
369 : 9	497 : 7	168 : 4	225 : 5	252 : 6

6

 Wie rechnest du in möglichst wenigen Schritten?

die Reihen gut können   die Einer wegdenken   an die Vielfachen denken

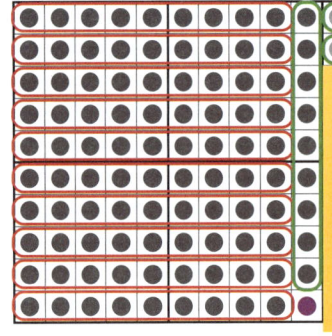

Es bleiben Punkte übrig.

Das ist der Rest.

Der Rest darf nicht größer sein als der Divisor.

$$120 : 9 = 13 \text{ R } 3$$
$$90 : 9 = 10$$
$$30 : 9 = 3 \text{ R } 3$$

1

27 : 2 = R

```
40 : 4 = 1 0
18 : 4 =   4 R 2
```
```
1 0 + 4 R 2 = 1 4 R 2
```

77 : 5 = R

```
20 : 2 = 1 0
 7 : 4 =   3 R 1
```
```
1 0 + 3 R 1 = 1 3 R 1
```

58 : 4 = R

```
50 : 5 = 1 0
27 : 5 =   5 R 2
```
```
1 0 + 5 R 2 = 1 5 R 2
```

2

```
1 1 0 : 9 =
  9 0 : 9 =
  2 0 : 9 =     R

  +    R   =    R
```

```
9 9 : 8 =
8 0 : 8 =
1 9 : 8 =     R

+    R   =    R
```

```
6 2 : 5 =
5 0 : 5 =
1 2 : 5 =     R

+    R   =    R
```

```
5 3 : 3 =
3 0 : 3 =
2 3 : 3 =     R

+    R   =    R
```

```
6 6 : 4 =
4 0 : 4 =
2 6 : 4 =     R

+    R   =    R
```

```
8 5 : 7 =
7 0 : 7 =
1 5 : 7 =     R

+    R   =    R
```

3

a) 75 : 6
   63 : 5
   44 : 3

```
a)  7 5 : 6 =
    6 0 : 6 = 1 0
    1 5 : 6 =   2 R 3
```

b) 92 : 6
   94 : 5
   67 : 4

c) 88 : 7
   98 : 8
   104 : 9

d) 100 : 7
   102 : 8
   106 : 6

Hinweis: ↓ SuS arbeiten mit Material. Sie kreisen die Teilmengen im Tausenderfeld ein und markieren den Rest.

4

2	3	5	:	7	=		
2	1	0	:	7	=		
	2	5	:	7	=		R

4	2	9	:	8	=		
4	0	0	:	8	=		
	2	9	:	8	=		R

3	8	9	:	8	=		
3	2	0	:	8	=		
	6	9	:	8	=		R

5	4	2	:	7	=		
4	9	0	:	7	=		
	5	2	:	7	=		R

5

a) 451 : 7
255 : 6
340 : 3

b) 678 : 9
548 : 8
688 : 7

c) 559 : 9
729 : 8
349 : 4

d) 703 : 3
467 : 4
919 : 7

e) 541 : 3
442 : 6
612 : 8

6 Finde einen passenden Teiler.

1	1	9	:		=		
	9	0	:		=		
			:		=		R

3	6	6	:		=		
3	5	0	:		=		
			:		=		R

3	1	1	:		=		
2	7	0	:		=		
			:		=		R

7	5	4	:		=		
7	2	0	:		=		
			:		=		R

2	9	1	:		=		
2	4	0	:		=		
			:		=		R

4	7	1	:		=		
4	5	0	:		=		
			:		=		R

7

Wenn ich meine Zahl durch 6 dividiere, ist das Ergebnis 5 R 2.

Das Ergebnis ist 24 R 4, wenn ich meine Zahl durch 9 dividiere.

Der Quotient ist 80 R 2, wenn ich meine Zahl durch 4 teile.

6. Mehrere Lösungen möglich.

288 : 9 🤔

Ich mache die Probe mit der Umkehraufgabe.

Wenn ich richtig gerechnet habe, sind das **Produkt** der Probe und der **Dividend** der Geteiltaufgabe gleich.

Ist das Ergebnis richtig?

```
2 8 8 : 9 = 3 2
2 7 0 : 9 = 3 0
  1 8 : 9 =   2
```

P:
```
        3 2 · 9 = 2 8 8
        3 0 · 9 = 2 7 0
          2 · 9 =   1 8
    2 7 0 + 1 8 = 2 8 8
```

1

65 : 5 = 13
50 : 5 = 10
15 : 5 = 3

Ich kürze Probe mit P ab.

P: 13 · 5 = ☐
10 · 5 =
3 · 5 =

84 : 7 = ☐
: =
: =

P: ☐ · 7 = ☐
· =
· =

87 : 3 = ☐
: =
: =

P: ☐ · 3 = ☐
· =
· =

102 : 6 = ☐
: =
: =

P: ☐ · ☐ = ☐
· =
· =

152 : 8 = ☐
: =
: =

P: ☐ · ☐ = ☐
· =
· =

161 : 7 = ☐
: =
: =

P: ☐ · ☐ = ☐
· =
· =

2

a) 69 : 3
85 : 5
48 : 3

a)
```
6 9 : 3 =
6 0 : 3 =
  9 : 3 =
```
P:

b) 126 : 7
117 : 9
128 : 8

c) 78 : 3
145 : 5
252 : 9

d) 42 : 2
184 : 8
315 : 9

e) 138 : 6
264 : 8
196 : 4

3

a) 68 : 6
   76 : 5
   89 : 6
   54 : 4

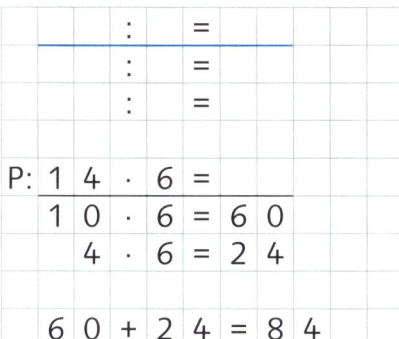

a) 6 8 : 6 =   R
   6 0 : 6 =
     8 : 6 =   R
   P:

b) 95 : 7
   83 : 5
   50 : 3
   72 : 5

c) 97 : 8
   80 : 3
   94 : 6
   65 : 4

d) 149 : 7
   177 : 6
   159 : 9
     89 : 3

4 Schreibe die passende Aufgabe zur Probe.

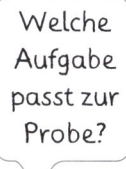
Welche Aufgabe passt zur Probe?

      :   =
      :   =
      :   =

P: 1 4 · 6 =
  1 0 · 6 = 6 0
    4 · 6 = 2 4

  6 0 + 2 4 = 8 4

      :   =
      :   =
      :   =

P: 1 5 · 4 =
  1 0 · 4 = 4 0
    5 · 4 = 2 0

  4 0 + 2 0 = 6 0

      :   =
      :   =
      :   =

P: 1 9 · 3 =
  1 0 · 3 = 3 0
    9 · 3 = 2 7

  3 0 + 2 7 + R 2 = 5 9

      :   =
      :   =
      :   =

P: 1 4 · 6 =
  1 0 · 6 = 6 0
    4 · 6 = 2 4

  6 0 + 2 4 + R 5 = 8 9

      :   =
      :   =
      :   =

P: 1 6 · 7 =
  1 0 · 7 =   7 0
    6 · 7 =   4 2

  7 0 + 4 2 + R 4 = 1 1 6

      :   =
      :   =
      :   =

P: 1 8 · 6 =
  1 0 · 6 =   6 0
    8 · 6 =   4 8

  6 0 + 4 8 + R 3 = 1 1 1

5 Prüfe mit der Probe. ✔ oder ✘?

a) 82 : 7 = 11 R 4
   70 : 7 = 10
   12 : 7 =   1 R 4
   ☐

b) 49 : 3 = 19 R 2
   30 : 3 = 10
   29 : 3 =   9 R 2
   ☐

c) 143 : 9 = 15 R 8
   90 : 9 = 10
   53 : 9 =   5 R 8
   ☐

d) 356 : 8 = 54 R 4
   320 : 8 = 50
   36 : 8 =   4 R 4
   ☐

76 : 4

Ich weiß:
80 : 4 = 20

76 : 4 = 19
80 : 4 = 20
 4 : 4 = 1
20 – 1 = 19

Die geborgten 4 teile ich auch
durch den Divisor: 4 : 4 = 1
Zuletzt subtrahiere ich
die beiden Ergebnisse
voneinander: 20 – 1 = 19

1 Welche Aufgabe hilft?

| 57 : 3 | 116 : 4 | 133 : 7 | 95 : 5 | 174 : 6 | 152 : 8 |

| 140 : 7 | 100 : 5 | 60 : 3 | 120 : 4 | 160 : 8 | 180 : 6 |

2

27 : 3 = _____

30 : 3 =

 3 : 3 =

 _ =

Ich verändere
den Dividenden.

36 : 4 = _____

 : =

 : =

 _ =

45 : 5 = _____

 : =

 : =

 _ =

54 : 6 = _____

 : =

 : =

 _ =

63 : 7 = _____

 : =

 : =

 _ =

72 : 8 = _____

 : =

 : =

 _ =

81 : 9 = _____

 : =

 : =

 _ =

57 : 3 = _____

 : =

 : =

 _ =

87 : 3 = _____

 : =

 : =

 _ =

76 : 4 = _____

 : =

 : =

 _ =

95 : 5 = _____

 : =

 : =

 _ =

3

203 : 7 = _____

      :   =

      :   =

      –   =

145 : 5 = _____

      :   =

      :   =

      –   =

114 : 6 = _____

      :   =

      :   =

      –   =

156 : 4 = _____

171 : 9 = _____

174 : 6 = _____

152 : 8 = _____

483 : 7 = _____

632 : 8 = _____

354 : 6 = _____

245 : 5 = _____

801 : 9 = _____

4

a) 117 : 3
152 : 8
236 : 4
273 : 7

a) 117 : 3 =
   120 : 3 = 40
     3 : 3 =   1
    40 – 1 =

b) 78 : 2
276 : 4
171 : 9
354 : 6

c) 312 : 8
472 : 8
553 : 7
594 : 6

d) 294 : 3
192 : 4
623 : 7
441 : 9

5

✔ oder ✘ ?

a) 171 : 9 = 11
180 : 9 = 10
  9 : 9 = 1
10 + 1 = 11
☐

b) 87 : 3 = 30
60 : 3 = 20
30 : 3 = 10
20 + 10 = 30
☐

c) 57 : 3 = 19
60 : 3 = 20
 3 : 3 = 1
20 – 1 = 19
☐

d) 133 : 7 = 19
140 : 7 = 20
  7 : 7 = 1
20 – 1 = 19
☐

---

5. Falsche Rechnungen im Heft korrigieren.

Riesen und Zwerge	Die Umkehraufgabe	Schrittweise dividieren	Die Hilfsaufgabe
	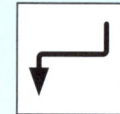	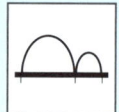	
240 : 6 = 40 900 : 300 = 3 24 : 6 = 4 90 : 30 = 3 9 : 3 = 3	240 : 6 = 40 40 · 6 = 240	284 : 4 = 71 280 : 4 = 70 4 : 4 = 1 70 + 1 = 71	76 : 4 = 19 80 : 4 = 20 4 : 4 = 1 20 − 1 = 19

1

420 : 6 =   180 : 9 =   450 : 5 =

          =   =   =

120 : 2 =   210 : 7 =   560 : 8 =

          =   =   =

2

400 : 200 =   600 : 300 =   800 : 400 =

40 : 20 =   60 : 30 =   80 : 40 =

4 : 2 =   6 : 3 =   8 : 4 =

6 : 2 =   80 : 2 =   140 : 70 =

60 : 2 =   8 : 2 =   140 : 7 =

600 : 2 =   800 : 2 =   14 : 7 =

3

480 : 6 =   60 : 2 =   420 : 7 =

          =   =   =

240 : 8 =   630 : 9 =   250 : 50 =

          =   =   =

4

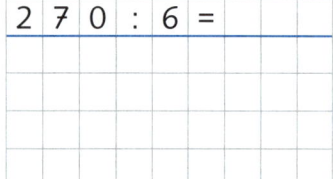

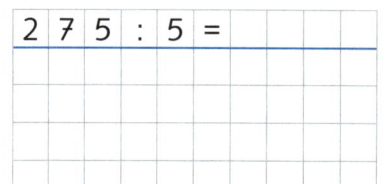

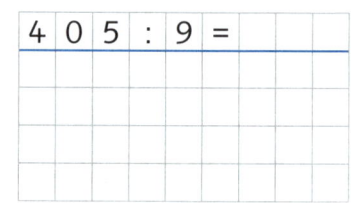

5

1 2 6	:	4	=		
	:		=		
	:		=		R

1 9 7	:	6	=		
	:		=		
	:		=		R

2 7 3	:	8	=		
	:		=		
	:		=		R

4 9 1	:	9	=		
	:		=		
	:		=		R

6

116 : 4 =	156 : 4 =	801 : 9 =
: =	: =	: =
: =	: =	: =
− =	− =	− =

354 : 6 =	483 : 7 =	632 : 8 =
: =	: =	: =
: =	: =	: =
− =	− =	− =

7   Welchen Rechenweg nutzt du?

a) 168 : 7   b) 712 : 8   c) 452 : 2   d) 119 : 7   e) 378 : 9
   128 : 4   126 : 7   522 : 6   965 : 5   516 : 6
    79 : 3   320 : 40   164 : 5   160 : 40   220 : 20
    62 : 4   140 : 20   73 : 4   100 : 20   360 : 60

8   Dreht einen Erklärfilm zu einem der Rechenwege.

1. Thema festlegen
2. Drehbuch schreiben
3. Rollen festlegen
4. Dreh vorbereiten
5. Dreh
6. Film ab

8. Die ausführliche Erklärung zum Filmdreh ist im AH 3 A auf S. 97.

Teilbarkeitsregeln

Welche Aufgabe kann ich ohne Rest teilen?

Es gibt Regeln, die mir bei dieser Frage helfen.

1

Alle natürlichen Zahlen sind durch **1** teilbar.

158 : 1 =   588 : 1 =

966 : 1 =   999 : 1 =

461 : 1 =   1000 : 1 =

Alle Zahlen, die ich zum Zählen verwende, sind natürliche Zahlen. Also 1, 2, 3, 4, 5 …

2

Alle geraden Zahlen sind durch **2** teilbar.

2, 4, 6 … sind gerade Zahlen. 1, 3, 7 … sind ungerade Zahlen.

5 6 : 2 =		1 5 6 : 2 =		1 6 8 : 2 =
5 0 : 2 =				
6 : 2 =				
+ =				

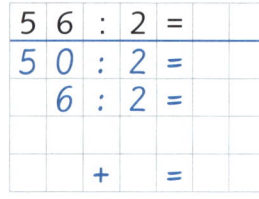

3

Eine Zahl ist durch **5** teilbar, wenn ihre letzte Ziffer eine 0 oder eine 5 ist.

660 hat eine 0 hinten und ist daher durch 5 teilbar.

5 1 0 : 5 =		4 2 5 : 5 =		2 5 5 : 5 =
5 0 0 : 5 =		4 0 0 : 5 =		2 5 0 : 5 =
1 0 : 5 =		2 5 : 5 =		5 : 5 =
+ =		+ =		+ =

4

Eine Zahl ist durch **10** teilbar, wenn ihre letzte Ziffer eine 0 ist.

150 : 10 =   280 : 10 =   990 : 10 =   1000 : 10 =

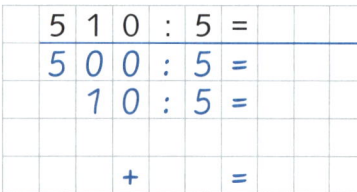

1.–4. ↑ SuS finden eigene Beispiele im Heft.

Wenn ich wissen will, ob eine große Zahl durch 3 oder durch 6 teilbar ist, muss ich die Quersumme der Zahl bilden.

Die Quersumme von 123 ist 6.

Q: 1 + 2 + 3 = 6

5

Eine Zahl ist durch **3** teilbar, wenn ihre Quersumme durch 3 teilbar ist.

Ist die Zahl durch 3 teilbar? ✔ oder ✘ ?

153 : 3 ☐ 966 : 3 ☐ 482 : 3 ☐
Q: 1 + 5 + 3 = Q: 9 + 6 + 6 = Q: 4 + 8 + 2 =

186 : 3 ☐ 377 : 3 ☐ 855 : 3 ☐
Q: +   +   = Q: +   +   = Q: +   +   =

295 : 3 ☐ 988 : 3 ☐ 909 : 3 ☐
Q: +   +   = Q: +   +   = Q: +   +   =

112 : 3 ☐ 747 : 3 ☐ 217 : 3 ☐
Q: +   +   = Q: +   +   = Q: +   +   =

6

Eine Zahl ist durch **6** teilbar, wenn ihre Quersumme durch 3 teilbar ist **und** die Zahl gerade ist.

Die Quersumme von 123 ist 6. 6 ist eine gerade Zahl und durch 3 teilbar. Daher ist 123 durch 6 teilbar.

Ist die Zahl durch 6 teilbar? ✔ oder ✘ ?

126 : 6 ☐ 468 : 6 ☐ 999 : 6 ☐
Q: 1 + 2 + 6 = Q: 4 + 6 + 8 = Q: 9 + 9 + 9 =

588 : 6 ☐ 668 : 6 ☐ 186 : 6 ☐
Q: +   +   = Q: +   +   = Q: +   +   =

706 : 6 ☐ 912 : 6 ☐ 888 : 6 ☐
Q: +   +   = Q: +   +   = Q: +   +   =

5.–6. ↑SuS rechnen die Divisions-Aufgaben im Heft.

Zeig, was du kannst!

1

80 : 2 =	490 : 7 =	360 : 6 =	560 : 7 =
: =	: =	: =	: =
810 : 9 =	640 : 8 =	320 : 4 =	250 : 5 =
: =	: =	: =	: =

2

900 : 300 =	120 : 60 =	540 : 60 =	210 : 10 =
800 : 400 =	490 : 70 =	540 : 90 =	270 : 30 =
600 : 200 =	250 : 50 =	450 : 90 =	400 : 50 =
800 : 200 =	810 : 90 =	450 : 50 =	630 : 70 =

3

8 : 4 =	10 : 5 =	6 : 3 =
80 : 4 =	100 : 5 =	60 : 3 =
800 : 4 =	100 : 50 =	60 : 30 =
80 : 40 =	1000 : 500 =	600 : 30 =
800 : 40 =	1000 : 50 =	600 : 300 =
800 : 400 =	1000 : 5 =	600 : 3 =

4

480 : 8 =	60 : 3 =	420 : 6 =
=	=	=
240 : 3 =	630 : 7 =	250 : 50 =
=	=	=

5

2 7 0 : 6 =			2 7 5 : 5 =			4 0 5 : 9 =		

6

	2	5	4	:	6	=			
				:		=			
				:		=		R	

	3	8	1	:	5	=			
				:		=			
				:		=		R	

7

87 : 3 = _____

   :   =

   :   =

   −   =

632 : 8 = _____

   :   =

   :   =

   −   =

483 : 7 = _____

   :   =

   :   =

   −   =

8 Vielfache von …

2	20	200

7	70	700

9

Alle natürlichen Zahlen sind durch ____ teilbar.

Alle geraden Zahlen sind durch ____ teilbar.

Eine Zahl ist durch ____ teilbar, wenn ihre letzte Ziffer eine ____ ist.

Eine Zahl ist durch ____ teilbar, wenn ihre Quersumme durch ____ teilbar ist.

Eine Zahl ist durch ____ teilbar, wenn ihre letzte Ziffer eine ____ oder eine ____ ist.

Symmetrie in der Umwelt

S. 79

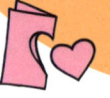

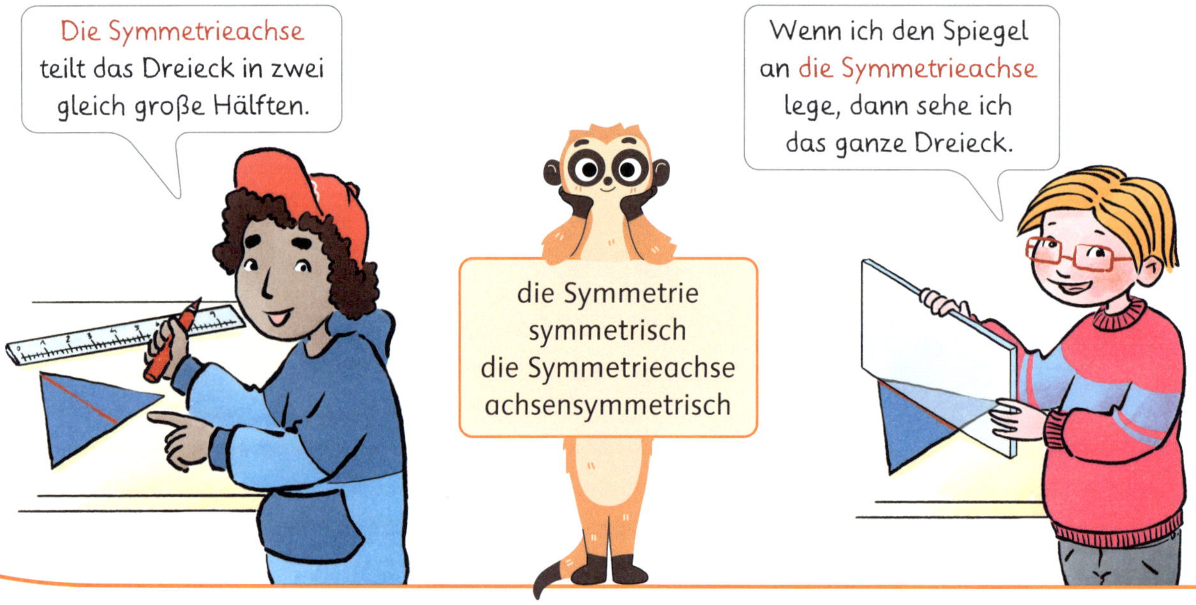
Die Symmetrieachse teilt das Dreieck in zwei gleich große Hälften.
die Symmetrie
symmetrisch
die Symmetrieachse
achsensymmetrisch
Wenn ich den Spiegel an die Symmetrieachse lege, dann sehe ich das ganze Dreieck.

1 Zeichne die Symmetrieachse ein.

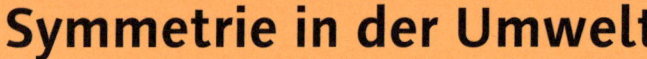

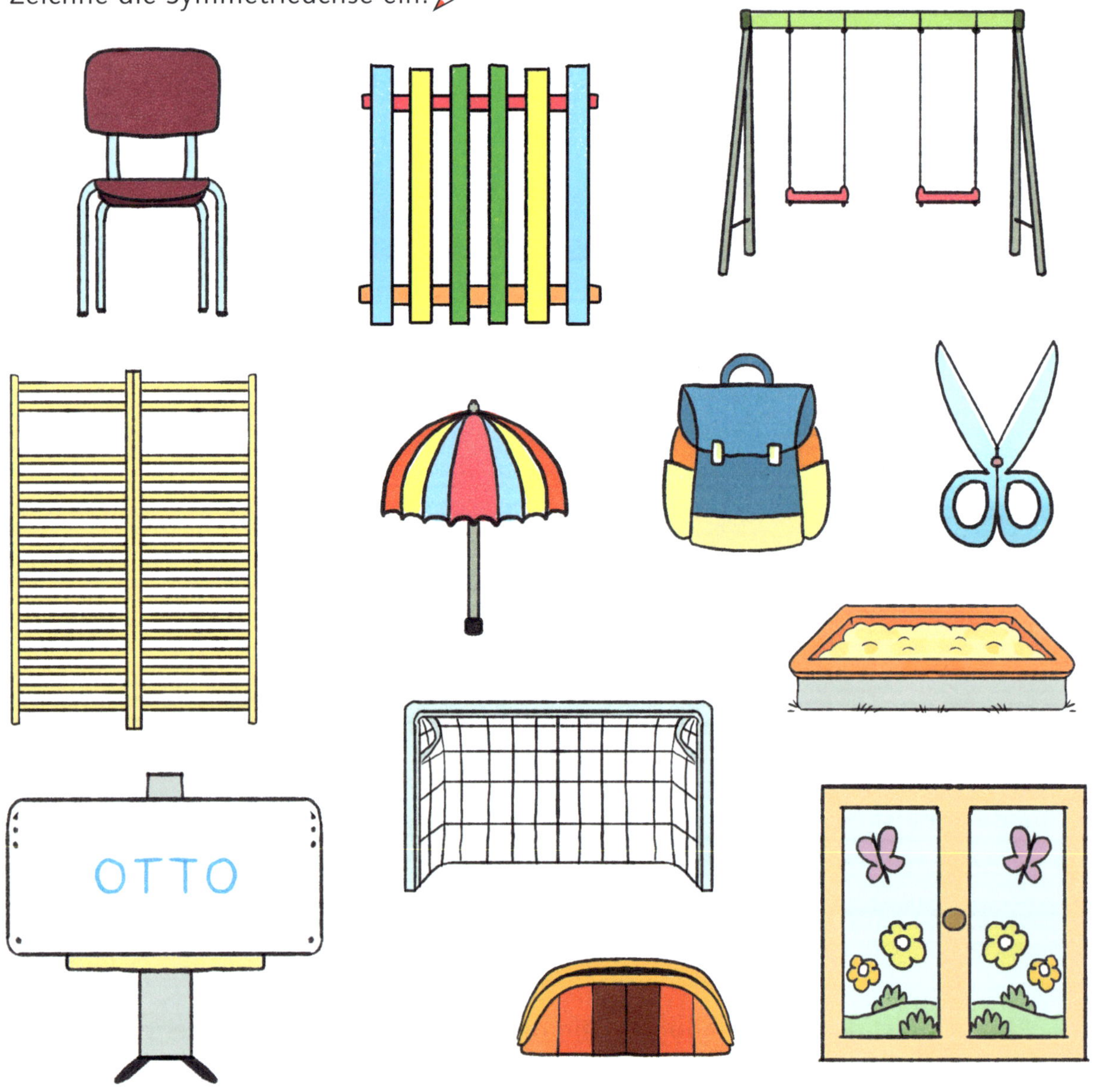
OTTO

2 Ist es symmetrisch? ✔ oder ✘ ?

3 Untersuche die Umkleidekabine.
Notiere alles, was symmetrisch ist.

4 Warum ist es symmetrisch?

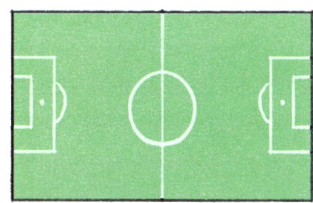 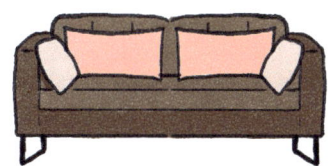 

5 Finde Symmetrie in deiner Umwelt
und fotografiere sie.

So gelingt ein
symmetrisches Foto.

2. ↑SuS begründen, warum etwas (nicht) symmetrisch ist..
4. Lösungshinweis: Fairness, Praktikabilität/Stabilität, Ästhetik.

1 Ist die Figur achsensymmetrisch? Male ab, schneide aus und falte.

a)

b)

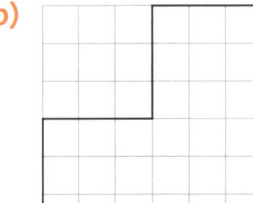

die Faltkante
deckungsgleich

2 Sind die Figuren achsensymmetrisch? ✔ oder ✘ ?

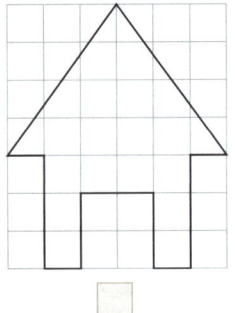

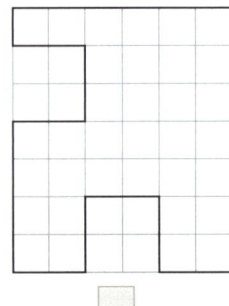

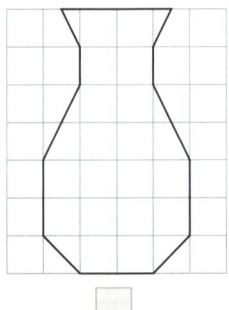

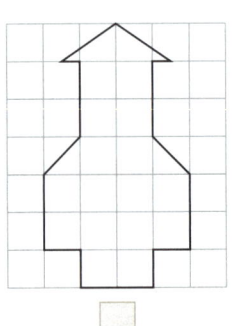

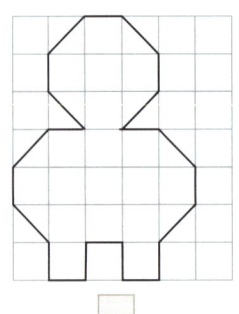

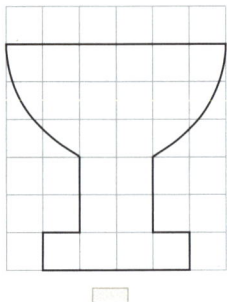

---

2. Entscheiden, ob die Figuren achsensymmetrisch sind. Dort, wo möglich, die Symmetrieachse einzeichnen.

3 Zeichne die Symmetrieachse ein.

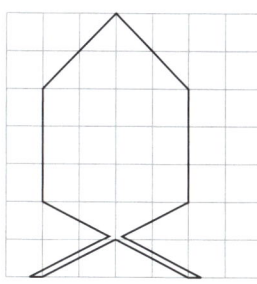 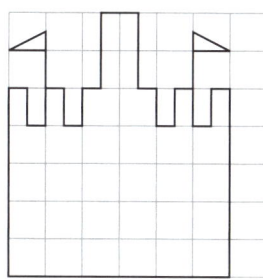 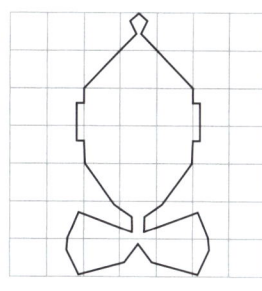 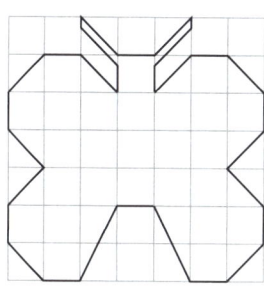

4 Wie viele Symmetrieachsen sind es?

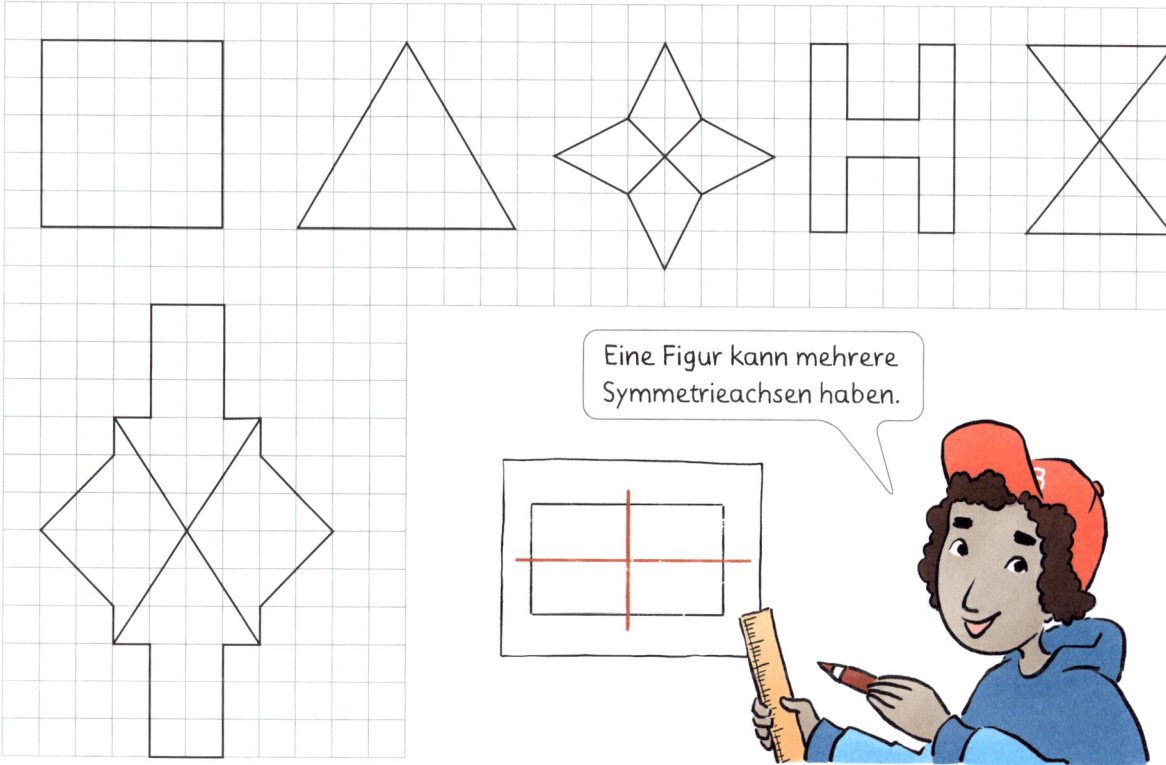

Eine Figur kann mehrere Symmetrieachsen haben.

5 Fotografiere symmetrische Gegenstände. Zeichne ein Umrissbild. Schneide es aus, falte und zeichne die Symmetrieachsen ein.

6 Ist dieses Bild symmetrisch? Warum kannst du hier Symmetrie durch Falten nicht beweisen?

1 Zeichne die Symmetrieachsen ein. Prüfe mit dem Spiegel.

2 Ändere die Flagge so, dass sie folgende Symmetrieachsen hat:

a)   b)   c)

Weißt du, wofür die Flaggen stehen?

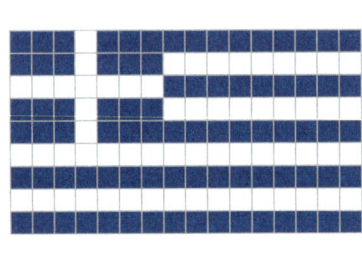

3 Erfinde deine Flagge.
Sie soll alle drei Symmetrieachsen enthalten.

4

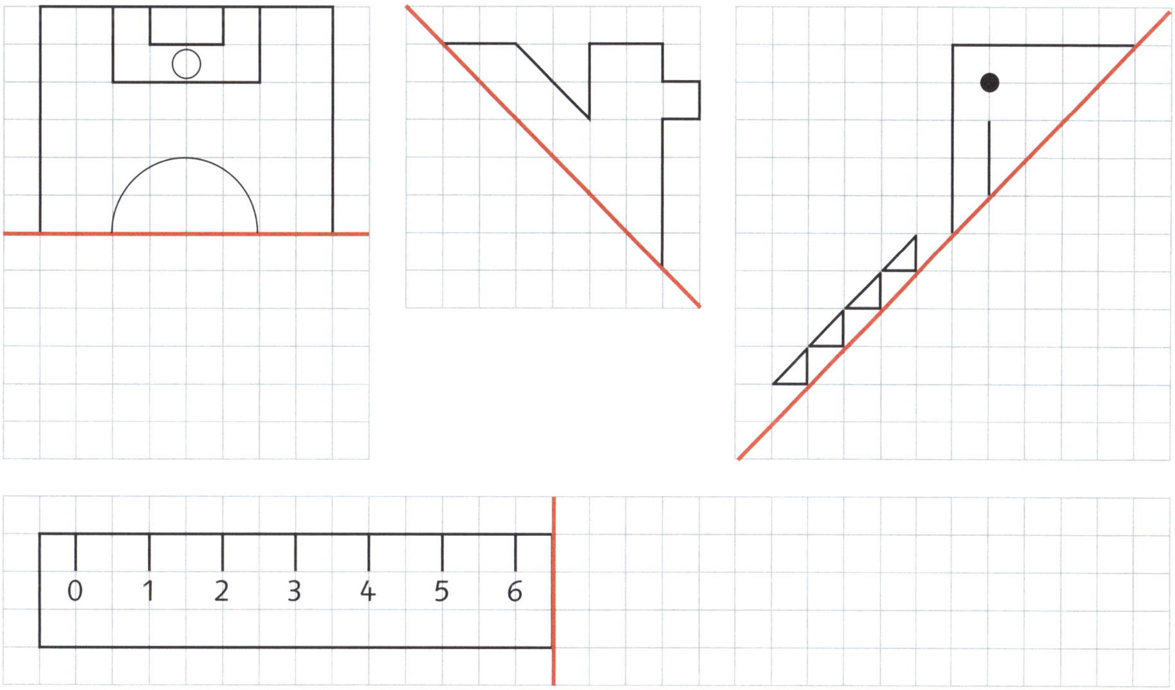

5 Hat Samu richtig gespiegelt? ✔ oder ✗ ?

4. Objekte durch Spiegeln vervollständigen.

53

Die Drehsymmetrie

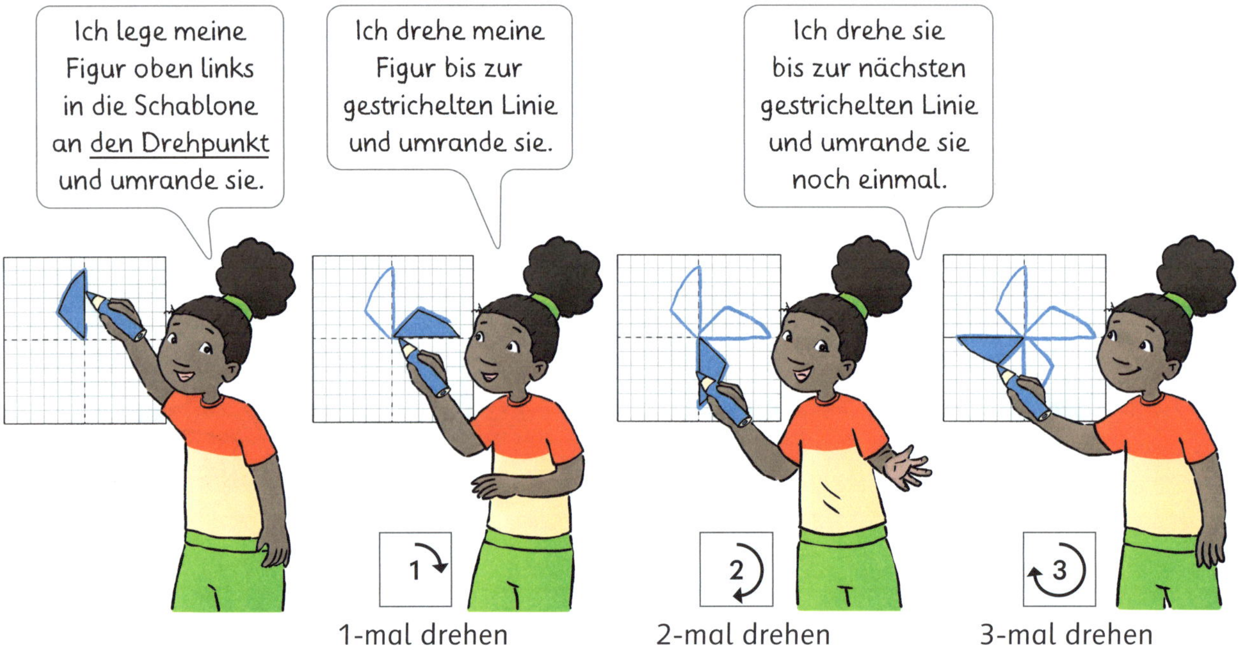

Ich lege meine Figur oben links in die Schablone an <u>den Drehpunkt</u> und umrande sie.

Ich drehe meine Figur bis zur gestrichelten Linie und umrande sie.

Ich drehe sie bis zur nächsten gestrichelten Linie und umrande sie noch einmal.

1 ↷ 1-mal drehen

2 ↶ 2-mal drehen

3 ↺ 3-mal drehen

1

1 ↷   2 ↶   3 ↺

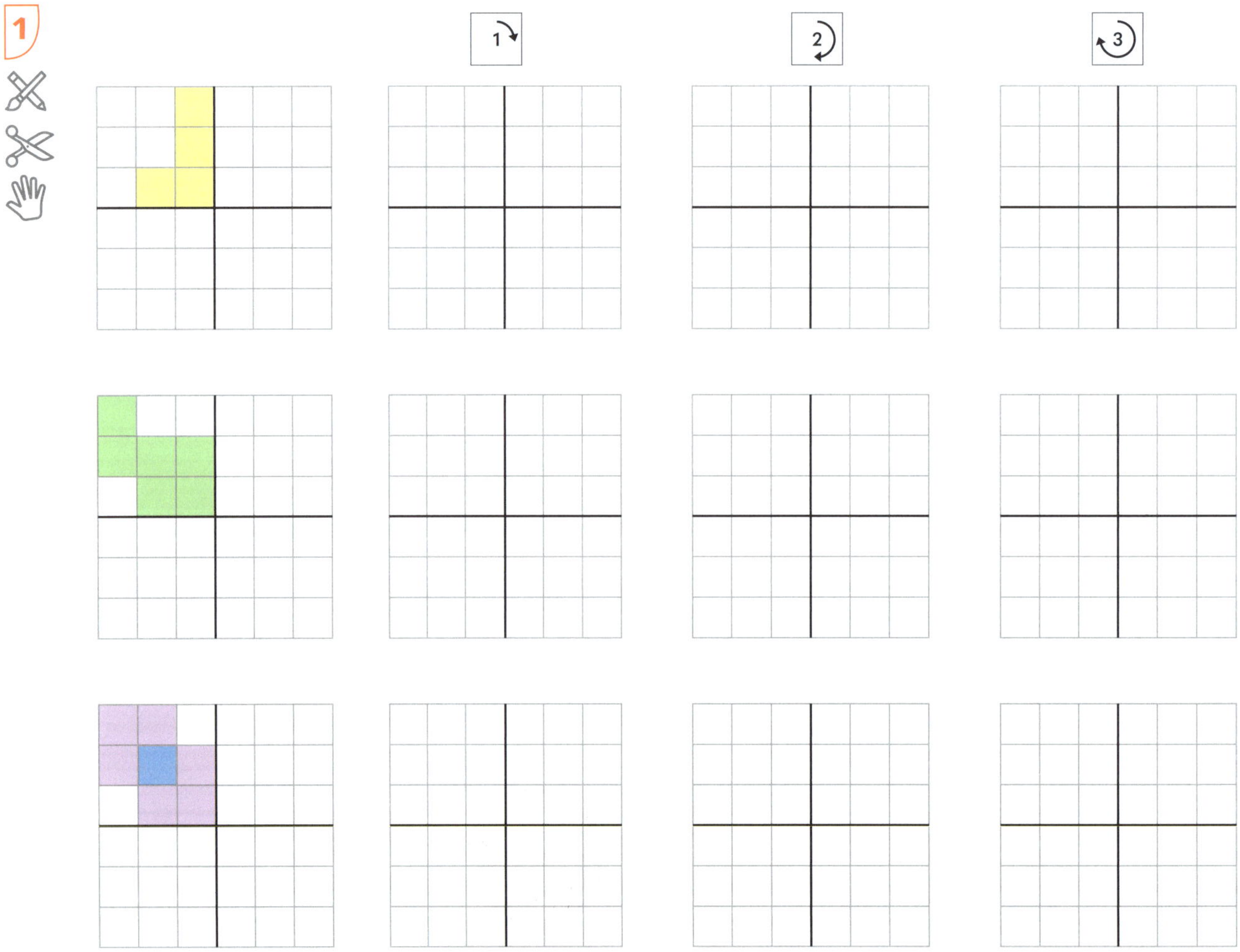

1. Figuren abzeichnen, ausschneiden, in den 1. Quadranten legen, drehen und umranden.
↑ SuS drehen die Figuren im Kopf und zeichnen sie direkt ein.

2 Drehe im Kopf und zeichne.

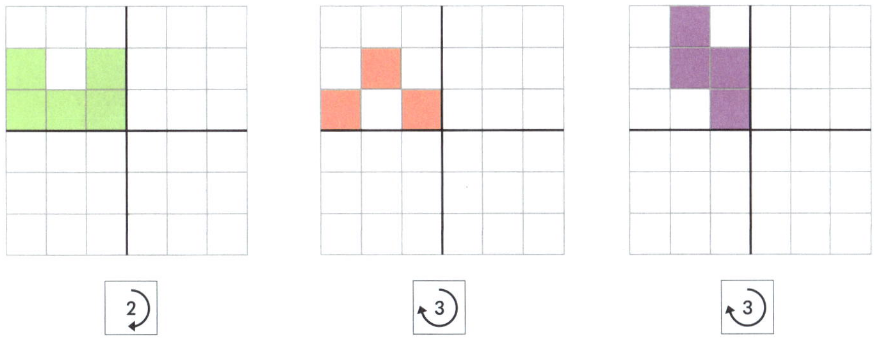

die Drehsymmetrie
drehsymmetrisch
der Drehpunkt

3 Ist die Figur richtig gedreht? ✔ oder ✘ ?

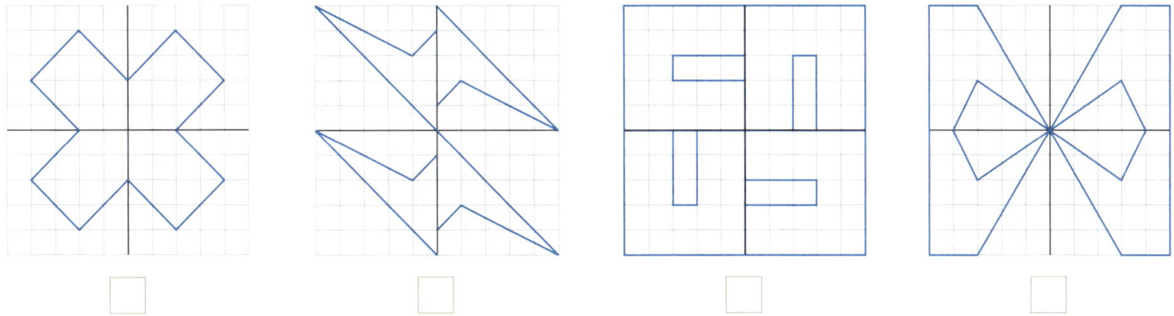

4 Deine Figuren.

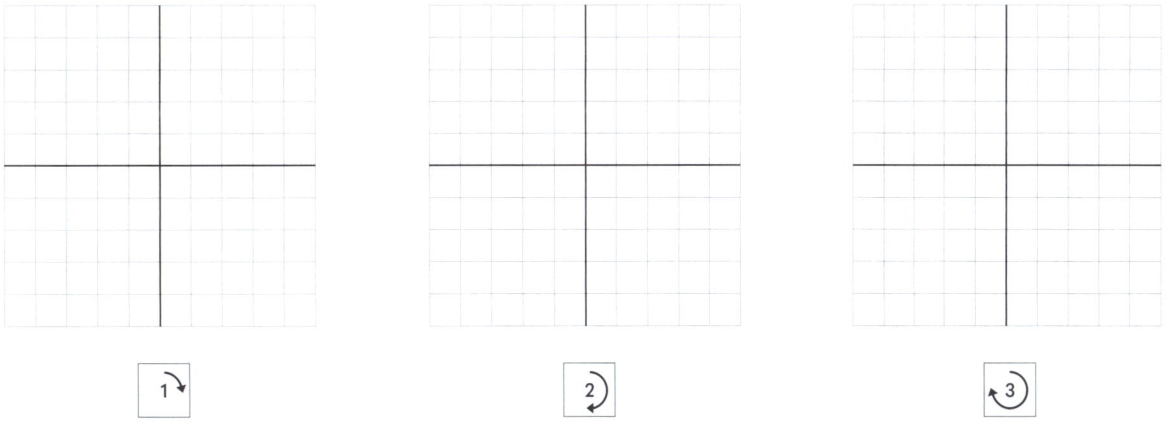

5 Finde Drehsymmetrie in deiner Umwelt.

3. Falsch gedrehte Figuren ins Heft abzeichnen und Drehung richtig einzeichnen. ↓ SuS malen die Figuren zuerst
aus, um dann die Drehung besser prüfen zu können.

Der Doppelspiegel

S. 84

1 Zeichne die Symmetrieachsen ein. Prüfe mit dem Doppelspiegel.

2

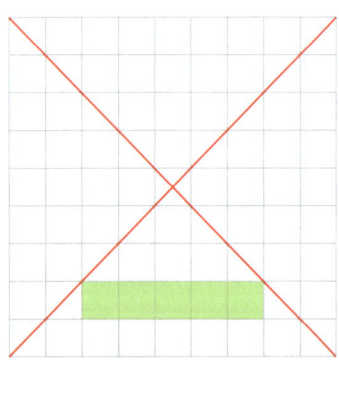
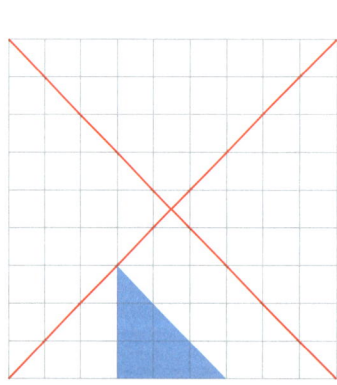
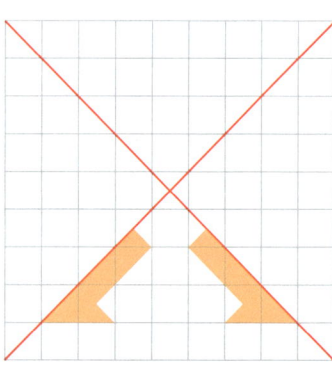

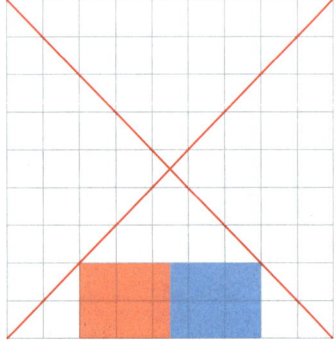
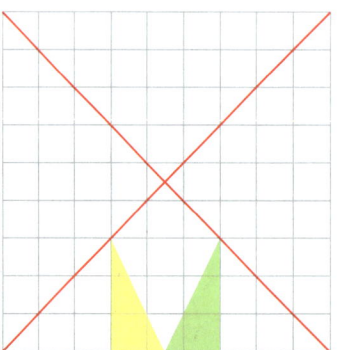
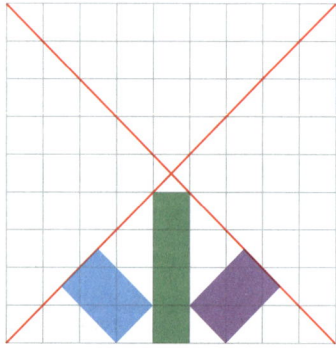

SuS nutzen einen beweglichen Doppelspiegel.

3   Ist die Figur richtig gespiegelt? oder ?

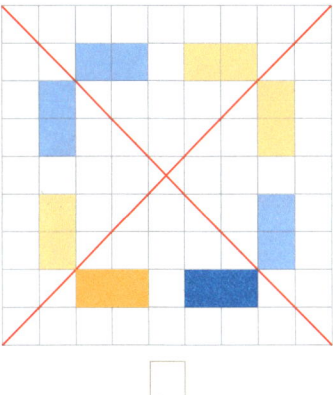  

☐ ☐ ☐

4

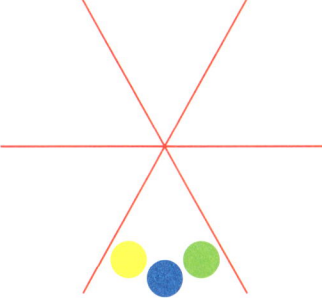 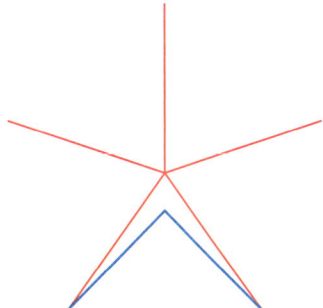 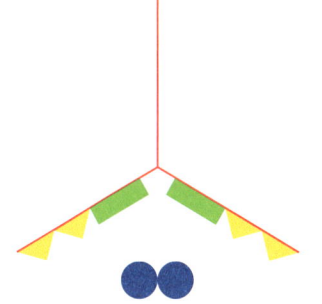

5 Erstelle eigene Bilder mit dem Doppelspiegel.

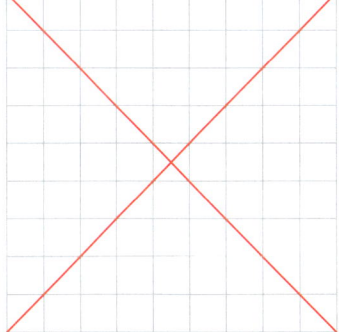 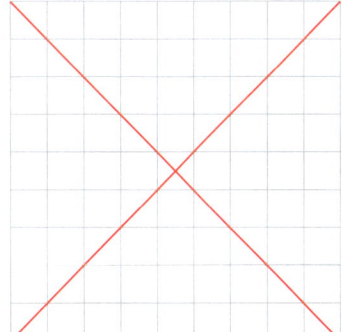 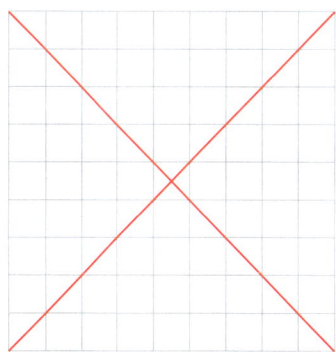

6  Fotografiere Mehrfachspiegelungen in deiner Umwelt.
Erstelle eine Fotoausstellung.

---

3. Spiegelung mit Spiegel prüfen. Falsch gespiegelte Figuren im Heft korrigieren.
4. Spiegel nutzen, um die Spiegelung einzuzeichnen.

Bandornamente

S. 85

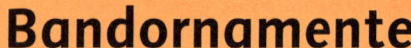

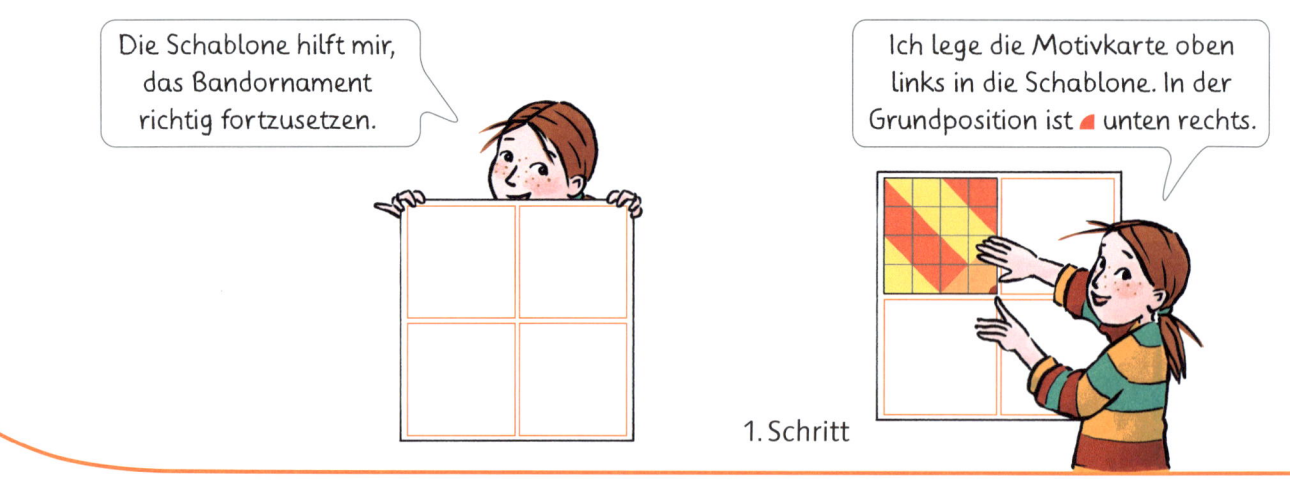

Die Schablone hilft mir, das Bandornament richtig fortzusetzen.

Ich lege die Motivkarte oben links in die Schablone. In der Grundposition ist ◢ unten rechts.

1. Schritt

1 Lege die Motivkarte so, wie das Symbol vorgibt.

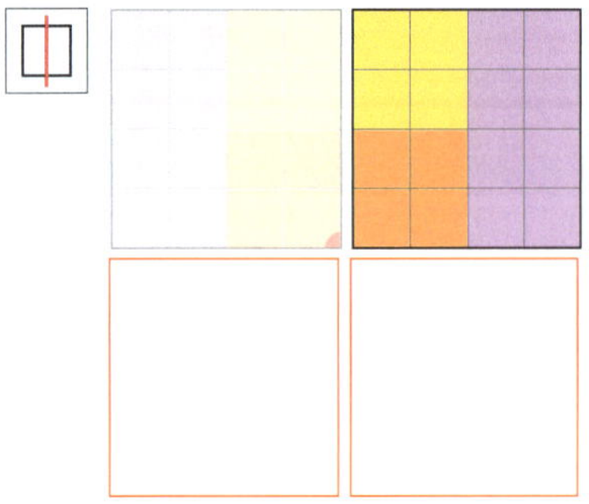

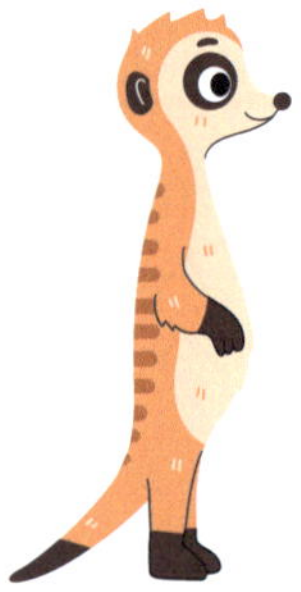

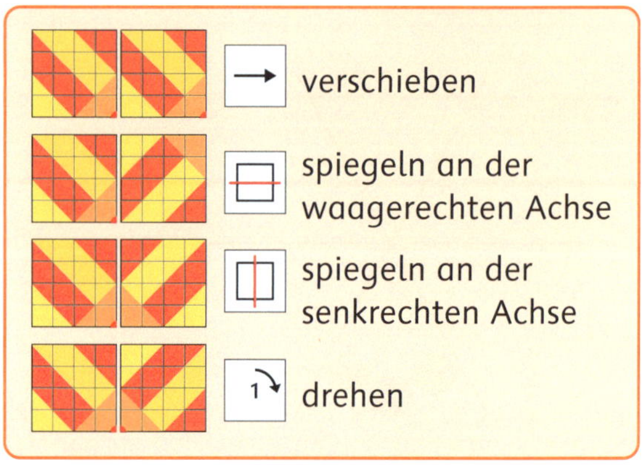

verschieben
spiegeln an der waagerechten Achse
spiegeln an der senkrechten Achse
drehen

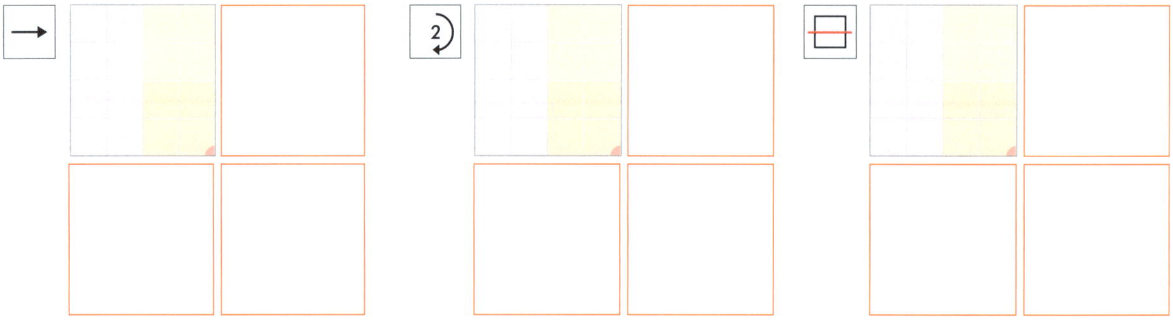

2

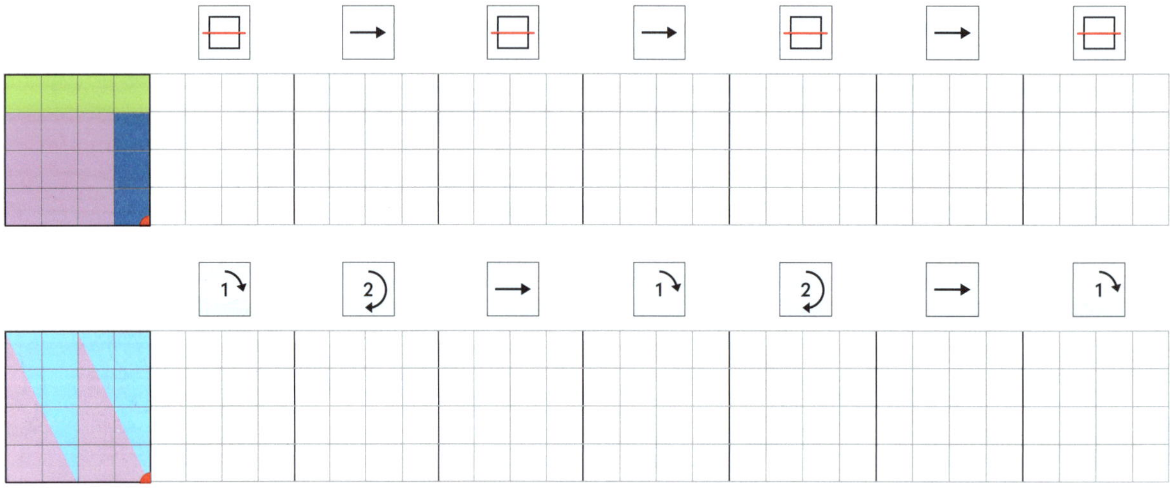

Hinweis: Muster aus Klasse 1 wiederholen. **1.** Motivkarte entsprechend des Symbols in die Schablone legen und fotografieren. **2.** Bandornament durch Legen fortsetzen und fotografieren. Schablone nutzen.

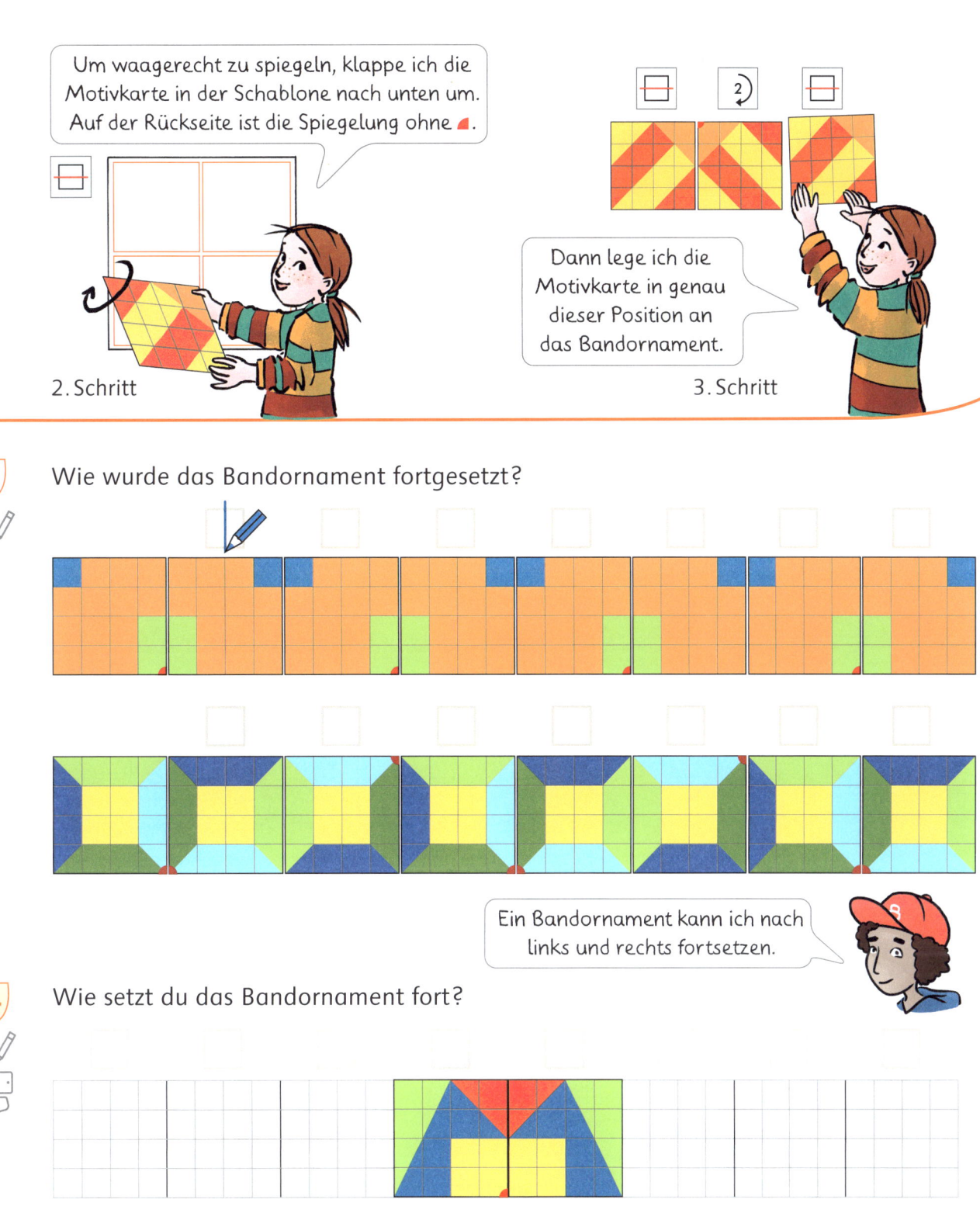

Um waagerecht zu spiegeln, klappe ich die Motivkarte in der Schablone nach unten um. Auf der Rückseite ist die Spiegelung ohne ◢.

2. Schritt

Dann lege ich die Motivkarte in genau dieser Position an das Bandornament.

3. Schritt

3 Wie wurde das Bandornament fortgesetzt?

Ein Bandornament kann ich nach links und rechts fortsetzen.

4 Wie setzt du das Bandornament fort?

5 Mein Bandornament.

3. Untersuchen, wie das Bandornament fortgesetzt wurde und die entsprechenden Symbole eintragen.
4.–5. Mehrere Lösungen möglich. 5. Bandornament legen, Symbole ausfüllen und fotografieren

Parkettierungen

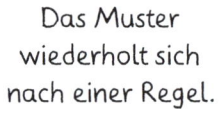 Das Muster wiederholt sich nach einer Regel.

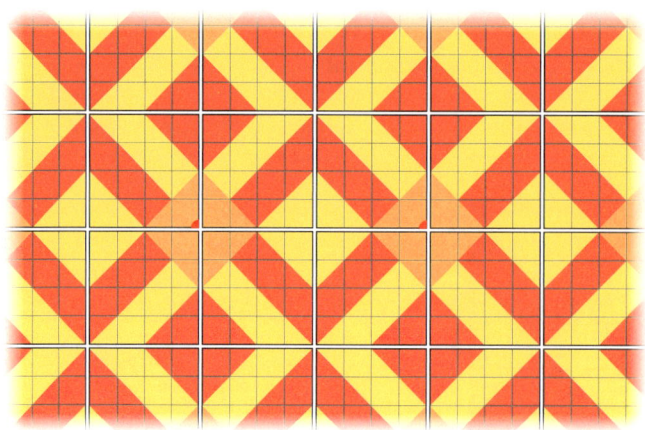

 Wenn ich die Regel erkenne, kann ich das Muster fortsetzen.

 Die Parkettierung kann ich in alle Richtungen fortsetzen.

1

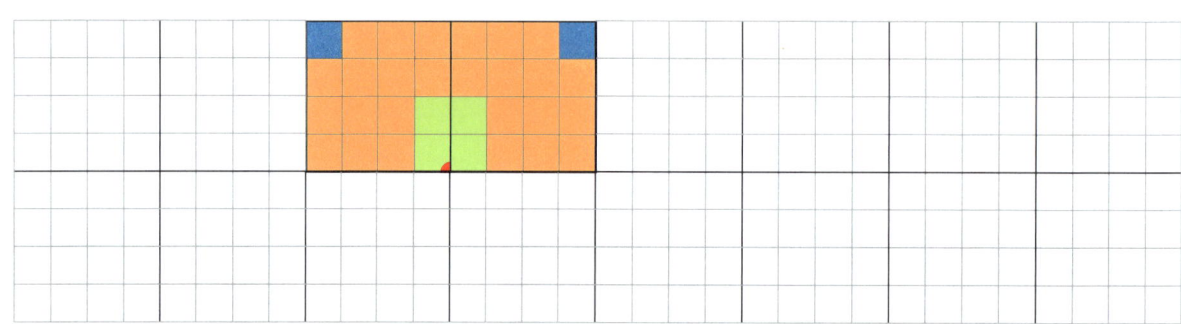

2 Wie hast du das Motiv in der Parkettierung bei **1** fortgesetzt?

3

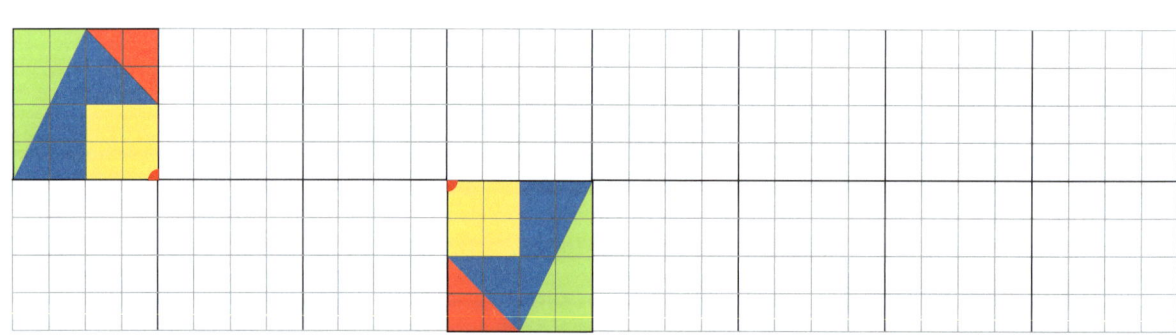

4 Wie hast du das Motiv in der Parkettierung bei **3** fortgesetzt?

1./3. Parkettierung durch Legen fortsetzen. Mehrere Lösungen möglich. **2./4.** Ankreuzen, welche Möglichkeiten zum Fortsetzen der Parkettierung genutzt wurden. Fortsetzungsmöglichkeiten erklären.

5 Ist das Muster richtig fortgesetzt? oder ?

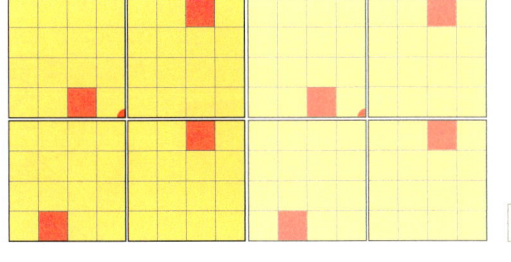

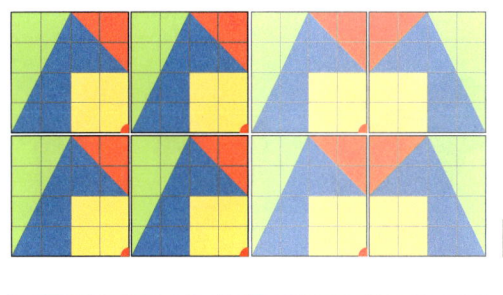

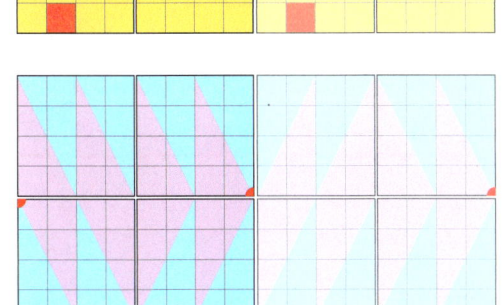

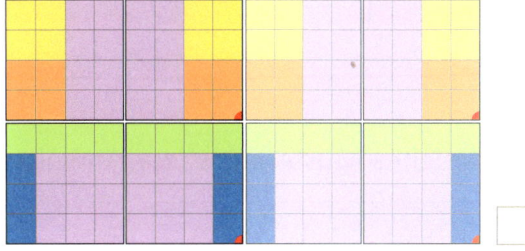

6 Wie setzt ihr die Parkettierung fort?

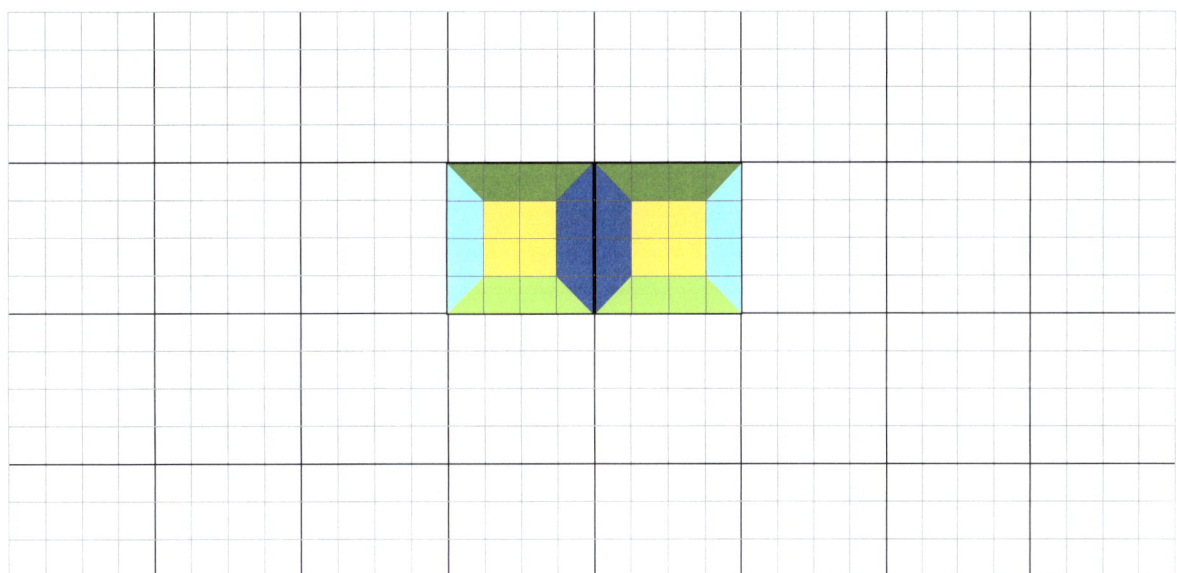

7 Erstelle eine Parkettierung. Setze das Motiv durch , , fort.

a)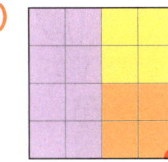

b)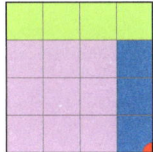

c)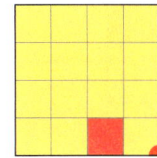

d)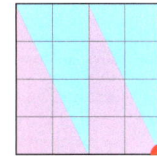

Anweisungen

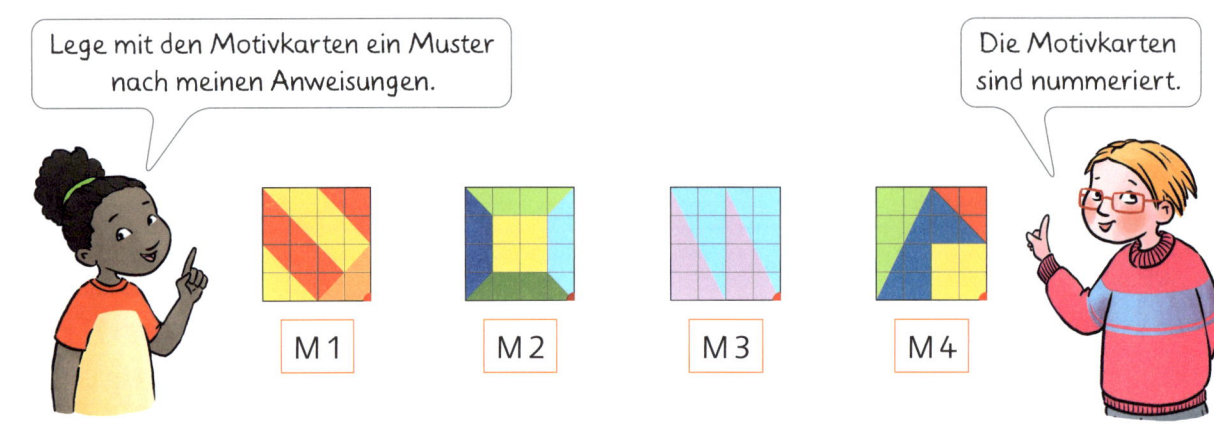

Lege mit den Motivkarten ein Muster nach meinen Anweisungen.

Die Motivkarten sind nummeriert.

M 1   M 2   M 3   M 4

1 Welches Muster passt zur Anweisung? ☒

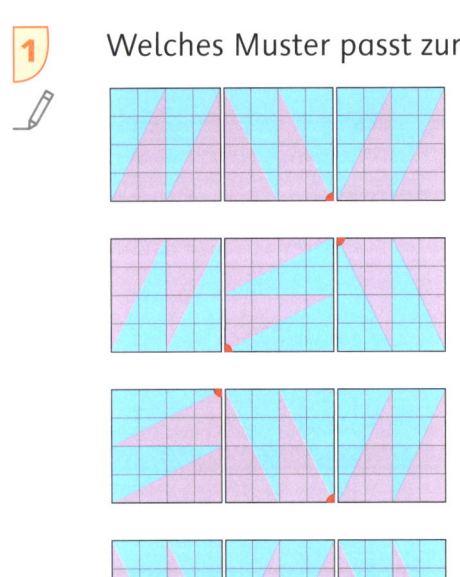

– Nutze Motivkarte 3.
   Spiegle an der waagerechten Achse.
– Nutze Motivkarte 3. Drehe 1-mal.
– Nutze Motivkarte 3. Drehe 2-mal.

2

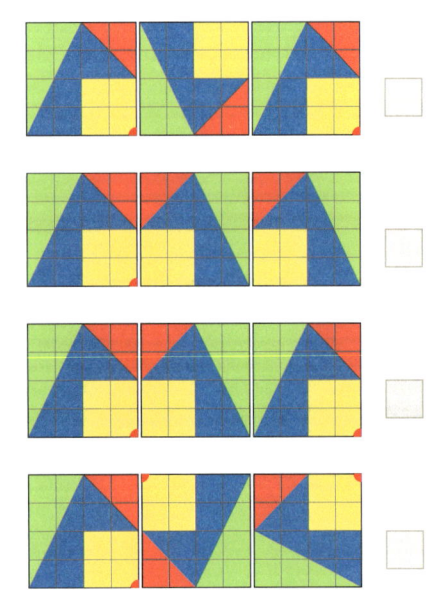

– Nutze Motivkarte 4. Verschiebe.
– Nutze Motivkarte 4.
   Spiegle an der senkrechten Achse.
– Nutze Motivkarte 4. Verschiebe.

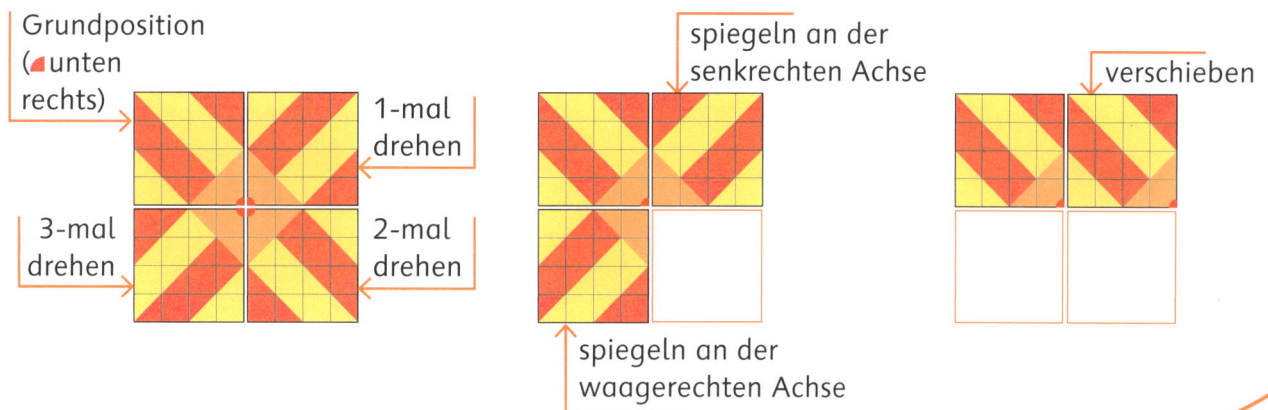

Grundposition (◢unten rechts)

1-mal drehen

3-mal drehen

2-mal drehen

spiegeln an der senkrechten Achse

spiegeln an der waagerechten Achse

verschieben

3 Lege das Muster nach den Anweisungen von Amari.

– Nutze Motivkarte 1. Verschiebe.
– Nutze Motivkarte 1. Spiegle an der waagerechten Achse.
– Nutze Motivkarte 4. Verschiebe.
– Nutze Motivkarte 4. Spiegle an der senkrechten Achse.
– Nutze Motivkarte 1. Verschiebe.
– Nutze Motivkarte 1. Spiegle an der waagerechten Achse.
– Nutze Motivkarte 4. Verschiebe.
– Nutze Motivkarte 4. Spiegle an der senkrechten Achse.

4 Schreibe passende Anweisungen zum Muster.

a)
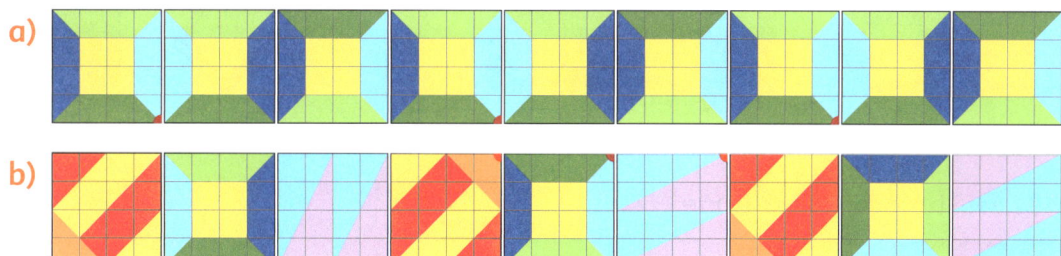

b)

5

Nutze Motivkarte 3. Verschiebe.

5. Partnerarbeit: Kind legt Bandornament entsprechend der Anweisungen des Partnerkindes und nutzt die Schablone zur Hilfe.

Ich gebe meinem Tablet Anweisungen für ein Muster. Diese Anweisungen heißen <u>Codes</u>.

Die beiden Anweisungen Nutze Motivkarte 1 und Verschiebe gehören zusammen und bilden einen <u>Block</u>.

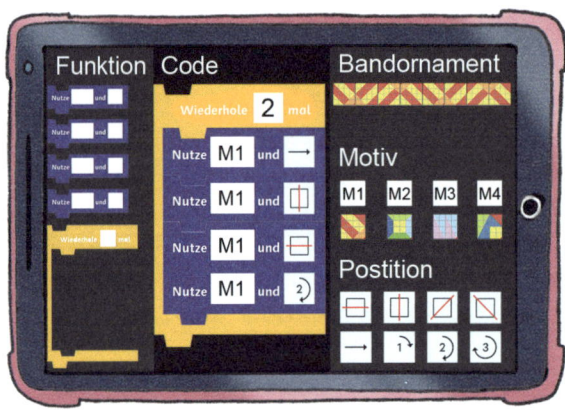

1 Programmiere das Muster.

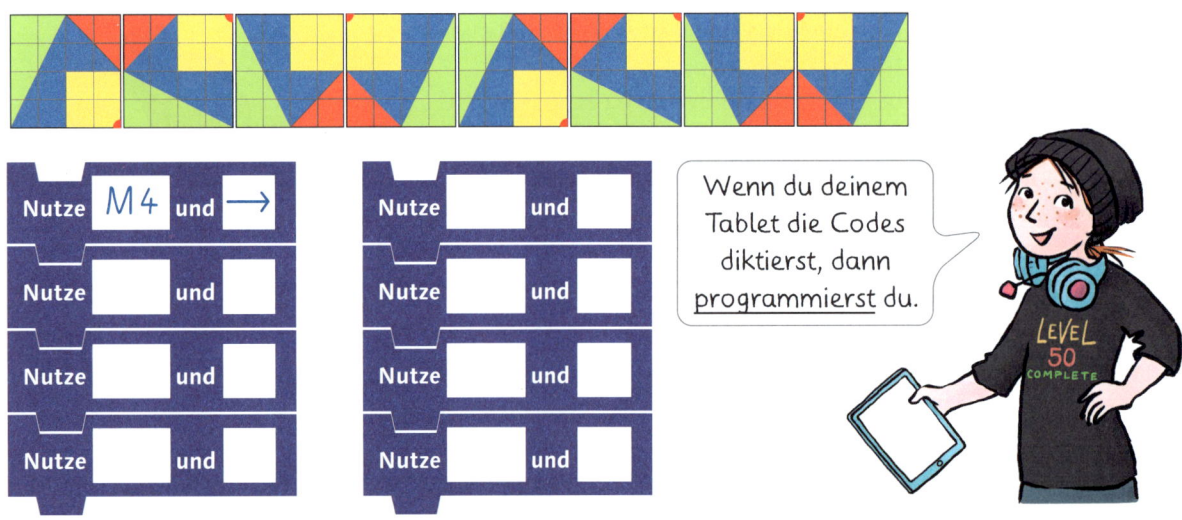

Wenn du deinem Tablet die Codes diktierst, dann <u>programmierst</u> du.

2 Welches Muster passt zum Code? ☒

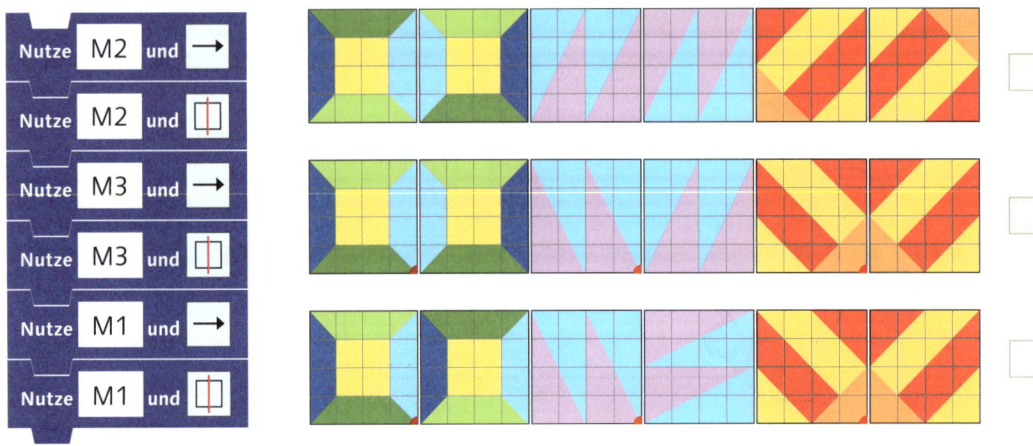

Hinweis: Hier wird kein Tablet benötigt. Die SuS programmieren auf Papier. Aber für die Vertiefung bieten sich kindgerechte Apps zum Programmieren an.

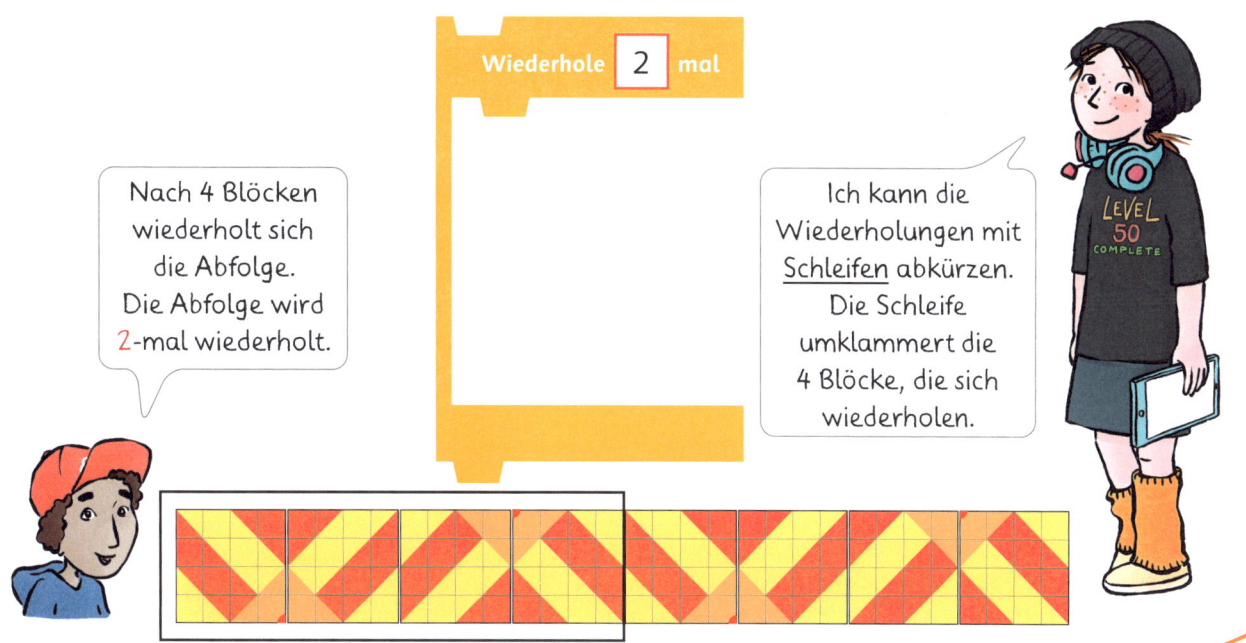

Nach 4 Blöcken wiederholt sich die Abfolge. Die Abfolge wird 2-mal wiederholt.

Ich kann die Wiederholungen mit <u>Schleifen</u> abkürzen. Die Schleife umklammert die 4 Blöcke, die sich wiederholen.

Wiederhole 2 mal

3

Wiederhole ☐ mal

Nutze ☐ und ☐

Nutze ☐ und ☐

Nutze ☐ und ☐

Nutze ☐ und ☐

programmieren
der Code
der Block
die Schleife

4

Mein Muster. Mein Code.

3. Zu dem Muster den passenden Code schreiben.
4. Eigenes Muster legen und den passenden Code schreiben.

Minuten und Sekunden

S. 92–93

Es dauert schon 25 Sekunden.

1

a) Zähle 15 s, 30 s, 45 s, 1 min auf der Uhr mit.
b) Schließe die Augen. Öffne sie nach 1 s, 5 s, 10 s, 30 s, 60 s.
c) Halte die Luft für 5 s, 10 s, 15 s, 20 s an.

1 Minute = 60 Sekunden
1 min = 60 s

2 Wie viele Sekunden dauert es? Schätze und messe.

a) Schreibe deinen Vor- und Nachnamen.
b) Zähle von 11 bis 30.
c) Laufe einmal um deinen Stuhl herum.
d) Mache 10 Hampelsprünge.
e) Zähle von 20 bis 0 runter.
f) Meine Ideen.

3 Wie viele Sekunden braucht jedes Kind von Team NASE für 20 Kniebeugen?

Amari	Samu	Ella	Noa

s   s   s   s

... achtzehn, neunzehn, zwanzig.

4 Was dauert ungefähr wie lange? | 1 s | | 5 s | | 1 min | | 20 min |

5 Was dauert so lange? Finde jeweils mehrere Beispiele.

a) 1 s   b) 10 s   c) 60 s   d) 5 min

---

3. ↑ Die Ergebnisse von Team NASE der Größe nach ordnen und ins Heft schreiben.

Die große Pause dauert länger als 1000 s.

1 min =	60 s
30 min =	? s
? min =	1000 s

Unsere große Pause dauert 30 min.

Sind 30 min. mehr als 1000 s?

---

6 Immer 1 Minute.

20 s + *40 s*   10 s +   25 s +   44 s +   27 s +

40 s +   50 s +   15 s +   53 s +   16 s +

30 s +   60 s +   35 s +   49 s +   39 s +

7

Minuten	1 min	2 min	3 min	4 min	5 min
Sekunden					

 Immer plus 60 s.

---

8 Wie viele Sekunden sind es?

a) 5 min   b) 1 min 30 s   c) 2 min 10 s   d) 2 min 20 s   c) 5 min 45 s

    10 min   1 min 60 s   4 min 20 s   2 min 30 s   3 min 14 s

---

9 Wie viele Minuten und Sekunden sind es?

a) 60 s   b) 140 s   c) 75 s   d) 138 s

    80 s   90 s   105 s   182 s

    100 s   240 s   245 s   319 s

a) 60 s = 1 min 0 s
   80 s =
  100 s =

---

10 Eine große Pause dauert länger als 1000 Sekunden? Stimmt das?

 Wie viele Minuten sind 1000 Sekunden?

---

10. ↑ SuS erfinden eigene „Kann das stimmen?"-Aufgaben zum Thema „Minuten und Sekunden".

1

min	min	min	min
eine volle Stunde	eine Dreiviertelstunde	eine Viertelstunde	eine halbe Stunde

2

a)   a) 5:20 Uhr   17:20 Uhr

b)   c)   d)

e)   f)   g)   h)   i) Deine Uhrzeit.

3

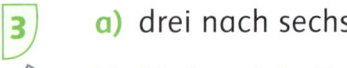

a) drei nach sechs

b) fünf nach halb drei

c) zehn vor eins

d) fünfzehn nach vier

e) zwanzig nach acht

f) sechs vor halb neun

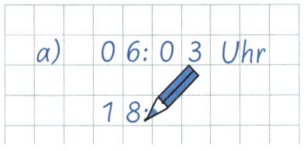

a) 06:03 Uhr   18:

Hinweis: Unterschiedliche Sprechweisen zu Uhrzeitangaben in verschiedenen Regionen Deutschlands thematisieren. **1.** Die vorgegebene Dauer in der Uhr markieren und Minutenzahl notieren.

4 Immer 1 Stunde.

20 min +   47 min +   3 min +

40 min +   11 min +   27 min +

1 Stunde = 60 min
1 h = 60 min

5 Wie viele Minuten sind es?

a) 1 h   b) 5 h   c) 1 h 10 min   d) 3 h 20 min
   2 h   10 h   2 h 20 min   3 h 30 min

a)   1 h = 6 0 min

6 Wie viele Stunden und Minuten sind es?

a)   60 min   b) 130 min   c)   95 min   d) 182 min
     80 min   80 min   105 min   136 min
    100 min   250 min   235 min   74 min

a)   6 0 min = 1 h 0 min

7 Wie viele Minuten bis zur vollen Stunde?

a) 13:40   b) 08:20   c) 20:10

                                             2 0 min
a)   1 3:4 0 h ⟶ 1 4:0 0 h

d) 07:25   e) 15:38   f) 09:53   g) 12:07   h) 22:49

8 Wie viele Minuten dauert die Zeitspanne?

01:30 —min→ 01:55   06:40 —min→ 06:50

15:25 —min→ 15:38   21:19 —min→ 21:37

9

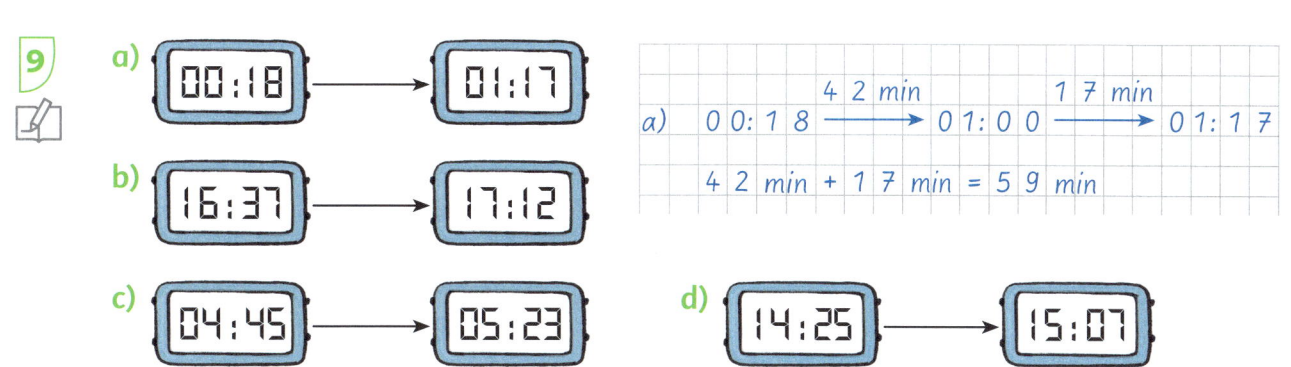

a) 00:18 ⟶ 01:17

                        4 2 min   1 7 min
a)   0 0:1 8 ⟶ 0 1:0 0 ⟶ 0 1:1 7
     4 2 min + 1 7 min = 5 9 min

b) 16:37 ⟶ 17:12

c) 04:45 ⟶ 05:23   d) 14:25 ⟶ 15:07

7.–9. ↓ SuS stellen an der Lernuhr Uhrzeiten ein und drehen den Zeiger weiter. Sie zählen die vergangenen Minuten mit.

Der Stundenplan

S. 95

	Mo	Di	Mi	Do	Fr
8.00–8.45	D	D	Reli	M	D
8.45–9.30	M	SU	D	D	M
1. Hofpause – Frühstück					
10.00–10.45	Mu	Eng	Ku	SU	Sp
10.45–11.30	Sp	Fö	Ku	SU	Fö
2. Hofpause					
11.45–12.30	Reli	M	Eng	Mu	
12.30–13.15		M		Sp	

Am Montag habe ich erst Deutsch, dann Mathe. Sportsachen brauche ich auch.

1

a) Was bedeuten die Abkürzungen: Mo, Di … ?
b) An welchen Tagen ist Englisch?
c) An welchen Tagen ist Sport?
d) Wie lange dauert die 2. Hofpause?
e) Wie oft hat Amari Mathe pro Woche?

Wie sieht dein Stundenplan aus?

2

Wie lange dauert der Unterricht an den einzelnen Wochentagen?

Montag
4 h 30 min
8:00 → 12:30

3
Vergleiche mit deinem Stundenplan.
Welche Unterschiede und Gemeinsamkeiten gibt es?

4

Erstelle ein Säulendiagramm zu Amaris Stundenplan.

a) In welchem Fach hat Amari die wenigsten Schulstunden?
b) In welchem Fach hat Amari die meisten Schulstunden?
c) Vergleiche Mathe und Sport. Wie viele Stunden Unterschied sind es pro Woche?

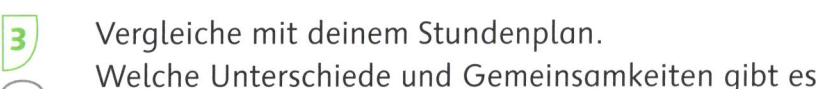

Schulstunden
7 6 5 4 3 2 1
D M SU Sp Mu → Fach

5

Wie viele Stunden Mathematik hat Amari …
a) in einem Monat?
b) in einem Schuljahr?

Wie viele Wochen hat mein Schuljahr?

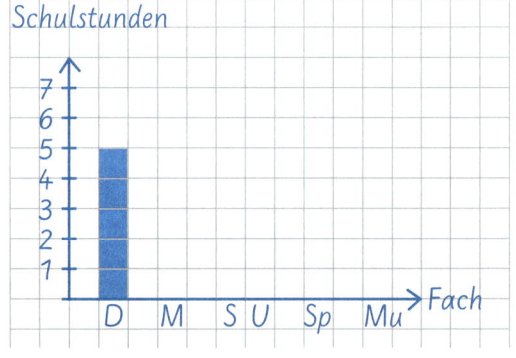

SUCHE:

4. Säulendiagramm wiederholen. ↑ SuS erstellen ein Säulendiagramm zu ihrem eigenen Stundenplan.
5. Ein Schuljahr hat ca. 40 Wochen.

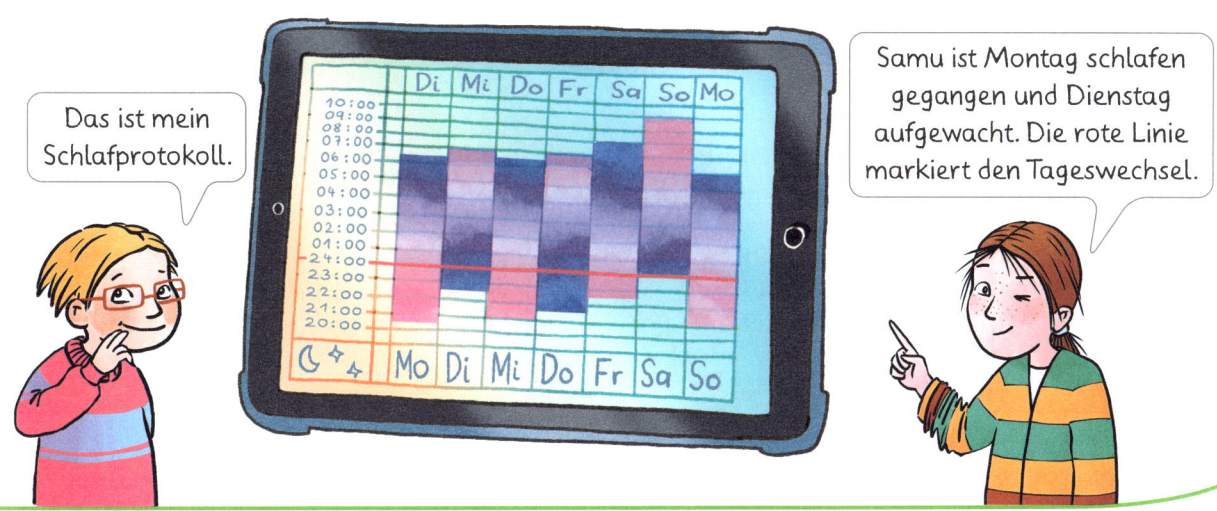

Das ist mein Schlafprotokoll.

Samu ist Montag schlafen gegangen und Dienstag aufgewacht. Die rote Linie markiert den Tageswechsel.

1 Samu hat von Montag zu Dienstag 10 h geschlafen.
Wie haben Amari und Ella das ausgerechnet?

Amari

Montag: 2 0 : 3 0 Uhr $\xrightarrow{30\ min}$ 2 1 : 0 0 Uhr $\xrightarrow{9\ h}$ 6 : 0 0 Uhr $\xrightarrow{30\ min}$ 6 : 3 0 Uhr

Zeitspanne: 3 0 min + 9 h + 3 0 min = 1 0 h

Ella

Montag: 2 0 : 3 0 Uhr $\xrightarrow{3\ h\ 30\ min}$ 0 0 : 0 0 Uhr $\xrightarrow{6\ h\ 30\ min}$ 6 : 3 0 Uhr

Zeitspanne: 3 h 3 0 min + 6 h 3 0 min = 1 0 h

2 Berechne Samus Schlafenszeiten an den einzelnen Tagen.

3
a) An welchem Tag schläft Noa/Ella am kürzesten?
b) An welchem Tag schläft Noa/Ella am längsten?
c) Wer schläft in der Woche am längsten?

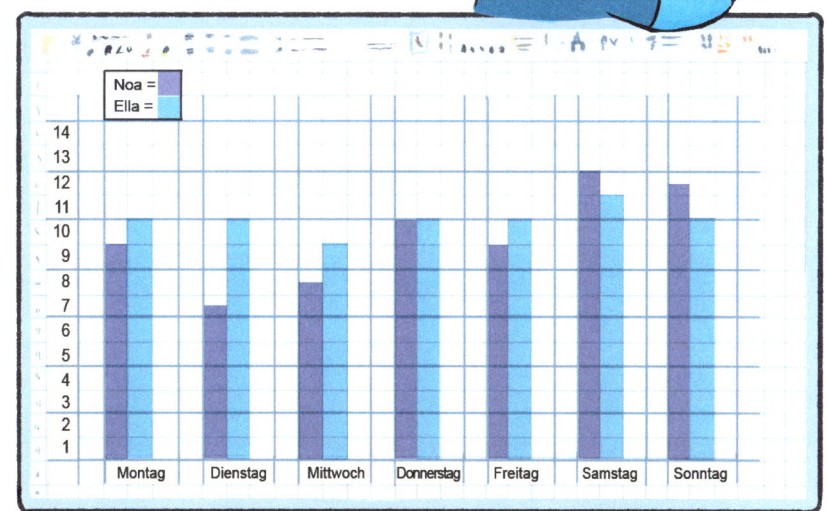

4 Erstelle ein Säulendiagramm zu deinem Schlafprotokoll.

4. Ein digitales Programm nutzen, um das Säulendiagramm zu erstellen.
↑ SuS vergleichen ihr Diagramm in Partnerarbeit. Sie erstellen ein gemeinsames Diagramm wie in Nr. 3.

Brillenpinguin

bis 15 Jahre
(bis 27 Jahre in Zoos)

Südafrika

stark
gefährdet

65 cm

⭐ Eine der wenigen Pinguinarten, die auch Wärme mögen. Aber sie haben stets kalte Füße, damit sie nicht am Eis festkleben.

Erdmännchen
oder Surikaten

bis 6 Jahre
(bis 14 Jahre in Zoos)

südliches
Afrika

nicht
gefährdet

30 cm

⭐ Erdmännchen sind gesellig und lieben Wärme. Beim Schlafen kuscheln sie und legen sich eng übereinander, damit möglichst wenig Wärme verloren geht.

Seehund

bis 25 Jahre
(bis 30 Jahre in Zoos)

Nordatlantik,
Nordpazifik, Nordsee

nicht
gefährdet

bis 170 cm

⭐ Seehunde können 200 m tief tauchen und sehr schnell schwimmen, ungefähr 5-mal so schnell wie eine Sportschwimmerin.

1 Welche Fragen kannst du mithilfe der Steckbriefe beantworten? ☒

a) Welche Tiere sind stark bedroht? ☐

b) Welche Tiere leben in Afrika? ☐

c) Wer schwimmt schneller, der Seehund oder der Pinguin? ☐

d) Was ist die rote Liste? ☐

e) Warum gibt es Zoos? ☐

f) Welches Tier ist größer, der Elefant oder das Nashorn? ☐

g) Welches Tier lebt am längsten? ☐

h) Was fressen Pinguine? ☐

i) Warum heißt der Panda „Roter Panda"? ☐

j) Welches Tier ist schwerer, das Erdmännchen oder der Pinguin? ☐

k) Wie viele Stunden schlafen Erdmännchen? ☐

l) Welches Tier ist kleiner als der Pinguin? ☐

Asiatischer Elefant — bis 50 Jahre

Süden Asiens | stark gefährdet | bis zu 3 m (Schulterhöhe)

Elefanten verständigen sich untereinander in einer sehr tiefen Tonlage über große Entfernungen. Die Tonlage ist für Menschen nicht hörbar. Damit warnen sie sich gegenseitig, locken sich, drohen oder blasen zum Aufbruch.

Roter Panda — bis 15 Jahre

Asien, Berge des Himalayas | stark gefährdet | 58 cm lang (ohne Schwanz)

Der Rote Panda brummt nicht wie ein Bär. Er macht Geräusche wie ein Vogel.

Panzernashorn — bis 40 Jahre

Indien, Nepal | gefährdet | bis 185 cm

Nashörner baden täglich mehrere Stunden. Ihre Haut ist bis zu 5 cm dick. Sie ist fast 50-mal dicker als die Haut des Menschen.

---

  2 Markiere alle Informationen im Steckbrief, die dir helfen, die Fragen zu beantworten. Pro Frage eine Farbe.

 3 Beantworte die Fragen.

  4 Stelle eigene Fragen. Dein Partnerkind beantwortet sie.

  **5** Suche im Internet nach Informationen zu den Fragen, die du bisher nicht beantworten konntest.

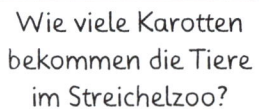
Wie viele Karotten bekommen die Tiere im Streichelzoo?

Im Streichelzoo bekommen die Tiere Karotten bei der Fütterung.
Die Ziege bekommt 4 Karotten.
Das Kaninchen bekommt halb so viele Karotten. Das Schaf bekommt 5 Karotten. Insgesamt gibt es 4 Ziegen, 3 Kaninchen und 2 Schafe.

Um Ellas Frage zu beantworten, zeichne ich eine Skizze zu den wichtigsten Informationen im Text.

1 Wie viele Karotten bekommen die Tiere im Streichelzoo?

a) Zeichne deine eigene Skizze.
b) Schreibe deine Rechnung.
c) Schreibe einen Antwortsatz.

2 Passt die Skizze zum Sachtext? ✔ oder ✘ ?

Auf der Großtieranlage werden Salatköpfe verfüttert. Jede Antilope bekommt 2 Salatköpfe. Jedes Zebra bekommt 3 Salatköpfe. Jedes Nashorn bekommt 2-mal so viele Salatköpfe wie die Antilope. Es gibt 4 Antilopen, 2 Zebras und 2 Nashörner.

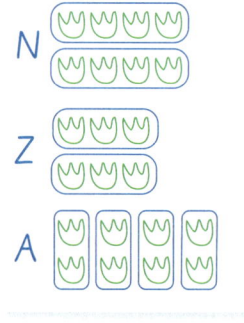

A ||	Z |||
A ||	Z |||
A ||	N ||||
A ||	N ||||

A ||	Z |||	N ||

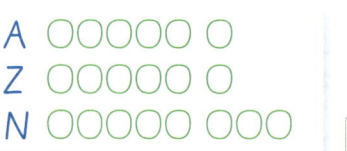

A ○○○○○ ○
Z ○○○○○ ○
N ○○○○○ ○○○

3 Wie viele Salatköpfe bekommen die Tiere insgesamt?

a) Zeichne deine eigene Skizze zu **2**.
b) Schreibe deine Rechnung.
c) Schreibe einen Antwortsatz.

Eine gute Skizze ist übersichtlich, hat einfache Symbole und wenig Text.

Ich habe die Tiere mit Buchstaben abgekürzt und Dreiecke als Symbol für die Karotte gezeichnet.

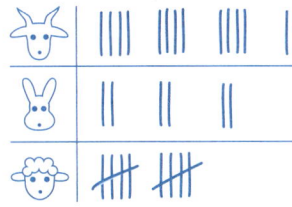

Meine Skizze sieht anders aus.

Z	K	S
▽ ▽ ▽ ▽ ▽	▽ ▽ ▽	▽ ▽
▽ ▽ ▽ ▽ ▽	▽ ▽ ▽	▽ ▽
▽ ▽ ▽ ▽ ▽		▽ ▽
▽ ▽ ▽ ▽ ▽		▽ ▽
		▽ ▽

4 Vervollständige die Skizze und löse die Aufgaben.

Die Tieranlage der Alpakas hat die Form eines Rechtecks und wird umzäunt. Der Zaun hat zwei kurze und zwei lange Seiten. Die kurze Seite ist 25 m lang. Die lange Seite des Zauns ist doppelt so lang wie die kurze. Immer nach 5 Metern wird ein Pfosten gesetzt.

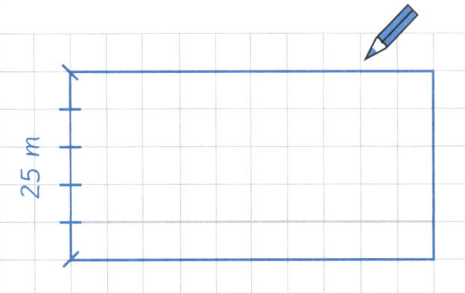

25 m

a) Wie viele Meter hat die lange Seite des Zauns?
b) Wie viele Meter hat der Zaun insgesamt?
c) Wie viele Pfosten werden für die lange Seite benötigt?
d) Wie viele Pfosten werden für den Zaun insgesamt benötigt?

5 Wie viel kostet der Eintritt pro Person?

Samu möchte an seinem Geburtstag in den Zoo. Samus Familie zahlt für 2 Erwachsene und 2 Kinder insgesamt 56 €. Noa und seine Eltern fahren auch mit. Sie zahlen insgesamt 47 €.

a) Zeichne eine Skizze.
b) Schreibe deine Rechnung.
c) Schreibe einen Antwortsatz.

6 Wie viele Strauße und Zebras sind auf der Tieranlage?

Beim Zoobesuch zählt Amari die Köpfe und Beine von Straußen und Zebras. Amari zählt insgesamt 8 Köpfe und 24 Beine.

a) Zeichne eine Skizze.
b) Schreibe deine Rechnung.
c) Schreibe einen Antwortsatz.

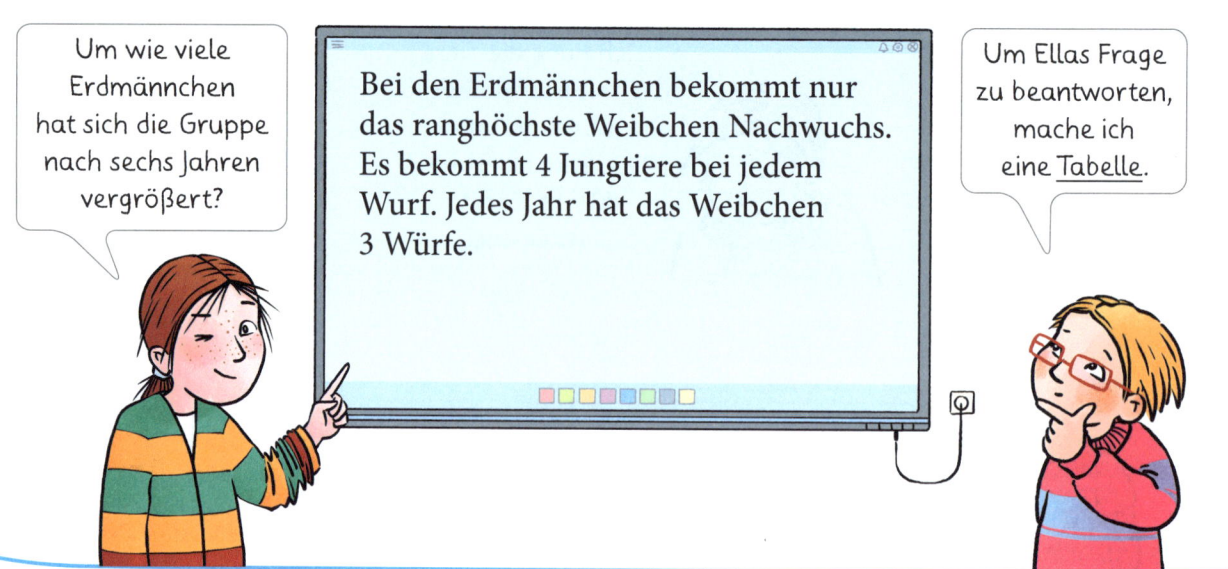

Um wie viele Erdmännchen hat sich die Gruppe nach sechs Jahren vergrößert?

Bei den Erdmännchen bekommt nur das ranghöchste Weibchen Nachwuchs. Es bekommt 4 Jungtiere bei jedem Wurf. Jedes Jahr hat das Weibchen 3 Würfe.

Um Ellas Frage zu beantworten, mache ich eine Tabelle.

1 Wie viele Jungtiere bekommt ein Capybara-Weibchen im Laufe seines Lebens?

Das Weibchen der Capybaras bekommt 2-mal im Jahr Nachwuchs. Bei jedem Wurf bekommt das Weibchen 4 Jungtiere. Das Weibchen ist mit 2 Jahren geschlechtsreif. Es lebt insgesamt 12 Jahre. In den letzten beiden Lebensjahren bekommt das Weibchen keinen Nachwuchs mehr.

a) Erstelle eine Tabelle.
b) Schreibe einen Antwortsatz.

Lebensjahr	1. Jahr	2. Jahr	3. Jahr
Anzahl der Jungtiere			
Nachwuchs insgesamt			

2 Erstelle eine Tabelle und löse die Aufgaben.

Team Nase geht mit der gesamten Klasse in den Zoo. Insgesamt gibt es 25 Kinder in der Klasse. Sie werden von Herrn Turing und Frau Gernet begleitet. Der Eintritt für Erwachsene kostet 19 Euro. Der Eintritt für Kinder kostet 9 Euro.

Anzahl	1	2	3
Eintritt Kinder	9		
Eintritt Erwachsene	1 9		

a) Wie viel kostet der Eintritt für alle?
b) Viel kostet der Eintritt, wenn 3 Kinder fehlen?
c) Wie viel kostet der Eintritt, wenn zwei Väter die Klasse zusätzlich begleiten?

Eine Tabelle muss immer eine Beschriftung haben.

In die oberste Zeile habe ich die Jahre geschrieben. In die linke Spalte habe ich die Anzahl der Jungtiere und des Nachwuchses insgesamt geschrieben.

	1 Jahr	2 Jahre	3 Jahre	4 Jahre	5 Jahre	6 Jahre
Anzahl der Jungtiere	12	12	12	12	12	12
Nachwuchs insgesamt	12	24	36	48	60	72

Antwort:
Die Gruppe hat sich nach sechs Jahren um 72 Erdmännchen vergrößert.

3 Wie viel Futter müsste die Klasse für einen Tag / eine Woche / einen Monat für die Tiere aus der Großtieranlage spenden?

Sehr geehrter Herr Turing,

wir freuen uns, dass Sie gemeinsam mit Ihrer Klasse unseren Zoo mit einer Spende unterstützen wollen. Schön, dass Sie sich für eine Futterspende für die Nashörner, Antilopen und Zebras aus unserer Großtieranlage entschieden haben.

Meine Antworten zu Ihren Fragen:

Was fressen die Tiere täglich?
Nashorn: 4 Salatköpfe, 3 Eimer Gras, 10 Karotten
Antilope: 2 Salatköpfe, 1 Eimer Gras, 2 Karotten
Zebra: 3 Salatköpfe, 1 Eimer Gras, 1 Karotte

Wie viele Tiere gibt es auf der Anlage?
2 Nashörner
4 Antilopen
3 Zebras

Viele Grüße an Sie und Ihre tierfreundliche Klasse
Julia Platt

Direktorin
Erlebnis Zoo

---

a) Erstelle für jedes Tier eine Tabelle.
b) Schreibe deine Rechnung.
c) Schreibe einen Antwortsatz.

Nashorn	Futter pro Tag	Futter pro Woche	Futter pro Monat
Salatkopf			
Eimer Gras			
Karotte			

Wie groß ist das Kalb dieser Giraffe?

Für Ellas Frage gibt es keine eindeutige Antwort.

1 **Frage** Wie groß ist ein Kalb?

2 **Vermutung** Ich denke, dass es zwischen ___ m und ___ m groß ist.

3 **Informationen** Welche Informationen helfen mir? X

Giraffen sind Pflanzenfresser. Sie fressen vorwiegend Akazienblätter, aber auch junge Baumtriebe sowie Knospen und Blätter von Büschen.	Eine ausgewachsene Giraffenkuh ist 4,50 m groß. Ein ausgewachsener Giraffenbulle ist 6 m groß.
Eine ausgewachsene Frau ist im Durchschnitt 1,65 m groß. Männer sind im Durchschnitt 1,80 m groß.	Giraffen sind Wiederkäuer. Sie verwehrten ihre Nahrung durch wiederholtes Hochwürgen und Zerkauen.
Ein Kalb wächst etwa 15 Monate im Bauch der Mutter heran. Es kann 30 Minuten nach der Geburt auf den Beinen stehen.	Mit ihren langen Beinen und ihrem langen Hals erreicht nur die Giraffe die hohen Baumblätter und frischen Triebe in der Savanne.

Fermi-Aufgaben: hier gibt es kein Richtig oder Falsch. Schätzen, Überschlagen, Alltagswissen und Annahmen führen zu Lösungsansätzen.

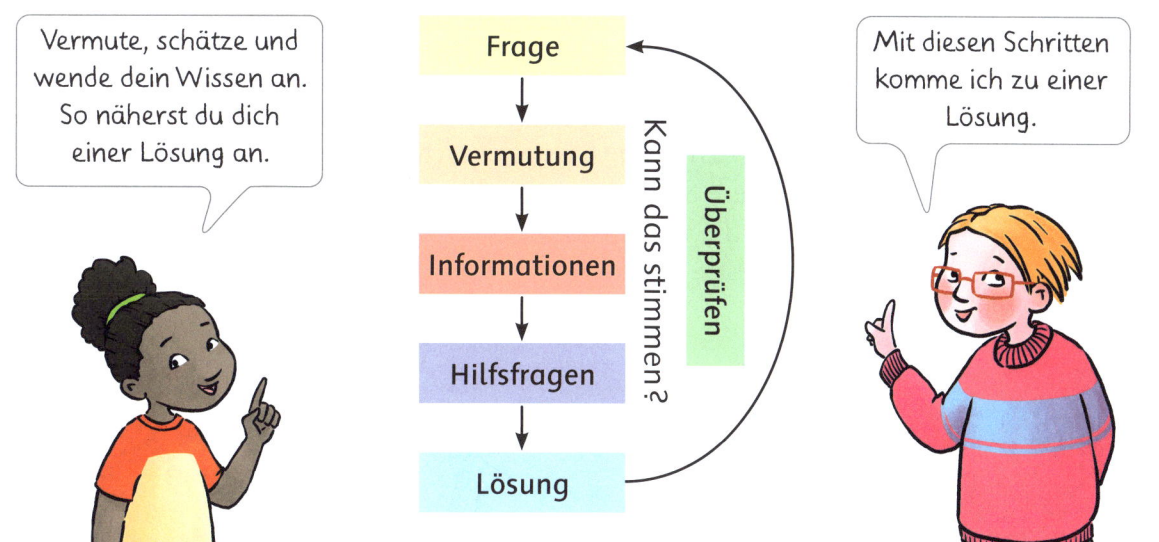

4

Hilfsfragen   Welche Hilfsfragen sind nützlich? ☒

⬜ Wie groß ist eine Giraffenkuh?

⬜ Wie groß ist ein Giraffenbulle?

⬜ Wie oft passt das Giraffenkalb in eine ausgewachsene Giraffe?

⬜ Was frisst das Giraffenkalb?

5

Lösung

Ich zeichne und schreibe meine Lösung auf.

a)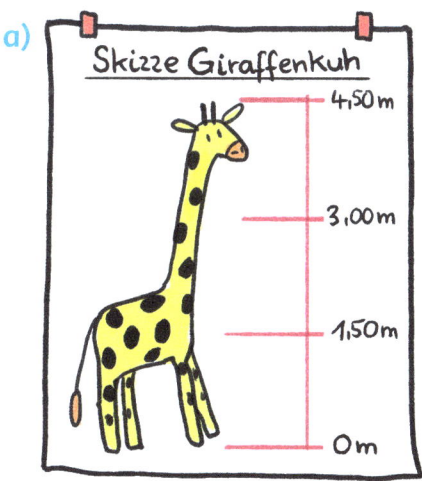

b)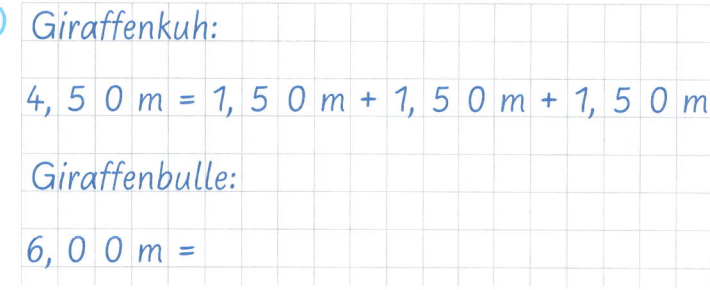

Giraffenkuh:

$4,50\,m = 1,50\,m + 1,50\,m + 1,50\,m$

Giraffenbulle:

$6,00\,m =$

6

Überprüfen   Kann meine Lösung stimmen?

a) Ich vergleiche meine Lösung mit meiner Vermutung.

b) Habe ich alle Informationen beachtet?

c) Kann ich meine Lösung gut begründen?

> Giraffen fressen den ganzen Tag. Sie mögen Laub und junge Triebe. Im Erlebnis Zoo bringt die Tierpflegerin täglich mehrere Schubkarren voller Laubäste auf die Giraffenanlage.

1

Frage   Wie viele gefüllte Schubkarren sind nötig, um alle 5 Giraffen täglich zu versorgen?

2

Vermutung   Ich denke, dass es zwischen   und   sind.

3

Informationen   Welche Information hilft mir? ☒

Eine erwachsene Giraffe frisst drei Schubkarren Futter an einem Tag. Dabei wird das Futter von der Tierpflegerin aufgehangen oder in Hängekörbe gepackt.

Giraffen sind Pflanzenfresser. Sie fressen vorwiegend Akazienblätter, aber auch junge Baumtriebe sowie Knospen und Blätter von Büschen.

4

Hilfsfragen   Welche Hilfsfragen sind nützlich? ☒

☐ Wie groß ist eine Giraffe?

☐ Wie viel frisst eine ausgewachsene Giraffe am Tag?

☐ Was fressen Giraffen vorwiegend?

☐ Wie gibt die Tierpflegerin den Giraffen das Futter?

☐ Wie viele Schubkarren muss die Tierpflegerin für eine Giraffe ins Gehege bringen?

5

Lösung   Ich zeichne oder schreibe meine Lösung auf.

Hinweis: Aus den Informationen geht nicht hervor, wie viel das Giraffenkalb frisst.

80

Hallo an alle!
Ich lade euch herzlich zu meinem Geburtstag ein.
Was: Ausflug in den Erlebnis Zoo
Wann: am Samstag (14.6.) um 13:00 Uhr

Bitte schreibt, ob ihr kommt.
LG
Amari 😊

Charlotte: Ich komme super gerne.

Selim: Ich auch.

Cousine Lilly: Aber hallo.

Noa: Was für eine Frage.

Ella: Ich habe leider ein wichtiges Spiel am Samstag.

Samu: Aber ich bin dabei.

Schön, dass so viele Zeit haben. Ella, viel Erfolg beim Spiel.

Papa: Vergiss deine Eltern nicht. 😉

1 💬 **Frage** Wie viel kostet der Eintritt?

2 ✏️ **Vermutung** Ich denke, dass der Eintritt zwischen _____ € und _____ € kostet.

3 ✏️ **Hilfsfragen** Welche Hilfsfragen sind nützlich? ☒
- ☐ Wie viele Kinder und Erwachsene besuchen den Zoo?
- ☐ Wie viele Besucherinnen und Besucher waren im Juni im Zoo?
- ☐ Wie viel kostet der Eintritt für ein Kind?
- ☐ Wie viel kostet der Eintritt für einen Erwachsenen?
- ☐ Gibt es einen Geburtstagsrabatt?

4 👆 **Informationen** Welche Informationen fehlen mir noch?

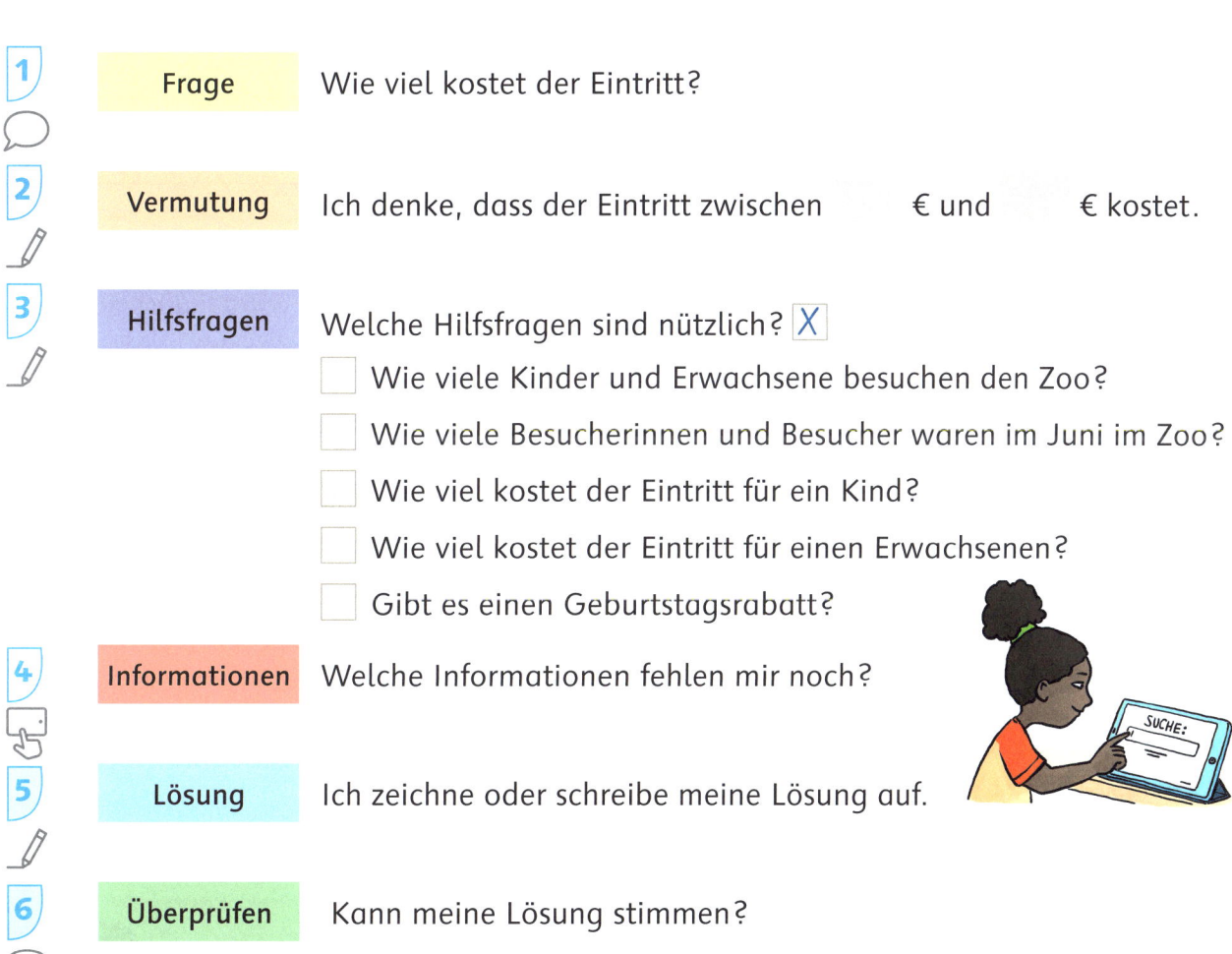

5 ✏️ **Lösung** Ich zeichne oder schreibe meine Lösung auf.

6 💬 **Überprüfen** Kann meine Lösung stimmen?

7 📝 Im Zoo möchte Amari jedem Geburtstagsgast ein Eis oder einen Snack spendieren. Wie viel Geld muss Amari einplanen?

Wir wählen die Klassenvertretung. Erste Klassenvertretung wird das Kind, das die meisten Stimmen bekommt.

1 Was ist unmöglich?

Ella wird zur Klassensprecherin gewählt.

Mit den wenigsten Stimmen wird Samu Klassensprecher.

Wenn Noa Schokolade verteilt, wird er gewählt.

Es gibt 24 Kinder in der Klasse. Die vier, die sich zur Wahl stellen, bekommen alle gleich viele Stimmen.

Amari, Noa, Ella und Samu werden jeweils zur Klassenvertretung gewählt.

Unmöglich bedeutet, dass etwas nicht passieren kann.

2 Was ist möglich?

Samu wird zur Klassenvertretung gewählt.

Die meisten Stimmen bekommt Ella.

Es wird ein Kind gewählt, dass nicht zur Wahl steht.

Das Kind mit dem schönsten Plakat gewinnt die Wahl.

Nicht jedes Kind gibt seine Stimme ab.

Möglich bedeutet, dass etwas passieren kann.

1.–3. Jeweils die Aussagen ankreuzen, die unmögliche/möglich/sicher sind. Je nach Begründung kann es unterschiedliche Lösungen geben. Enthaltung und Selbstwahl thematisieren.

3 Was ist sicher? ✓

Das Kind mit den meisten Stimmen wird Klassenvertretung. ☐

Der Klassenlehrer wird gewählt. ☐

Amari bekommt 24 Stimmen. ☐

Wenn Ella mehr Stimmen als alle anderen hat, gewinnt sie. ☐

Wenn Noa mehr Stimmen hat als Amari, gewinnt er. ☐

> **Sicher** bedeutet, dass etwas auf jeden Fall passiert.

4 Was ist ✓ , ? , ✗ ?
Finde eigene Aussagen.

> sicher ✓
> möglich ?
> unmöglich ✗
> wahrscheinlich W

5 Wahl zur Klassenvertretung: 24 Kinder haben ihre Stimmen abgegeben.

Die ersten 10 Stimmen ergeben:

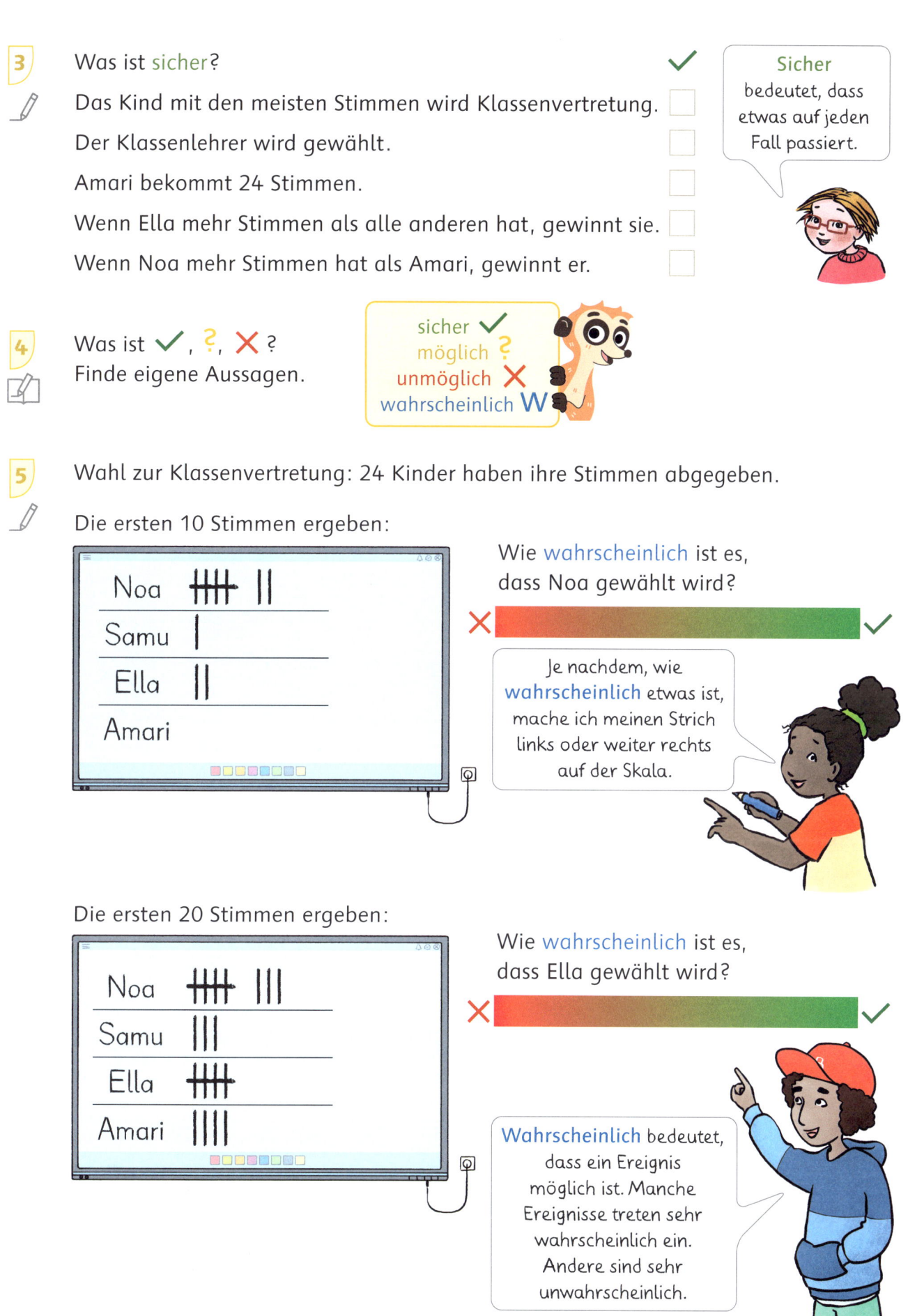

Noa	⊞⊞		
Samu		
Ella			
Amari	

Wie wahrscheinlich ist es, dass Noa gewählt wird?

✗ ▬▬▬▬▬▬ ✓

> Je nachdem, wie **wahrscheinlich** etwas ist, mache ich meinen Strich links oder weiter rechts auf der Skala.

Die ersten 20 Stimmen ergeben:

Noa	⊞⊞			
Samu				
Ella	⊞⊞
Amari					

Wie wahrscheinlich ist es, dass Ella gewählt wird?

✗ ▬▬▬▬▬▬ ✓

> **Wahrscheinlich** bedeutet, dass ein Ereignis möglich ist. Manche Ereignisse treten sehr wahrscheinlich ein. Andere sind sehr unwahrscheinlich.

Gewinnchancen beim Münzwurf

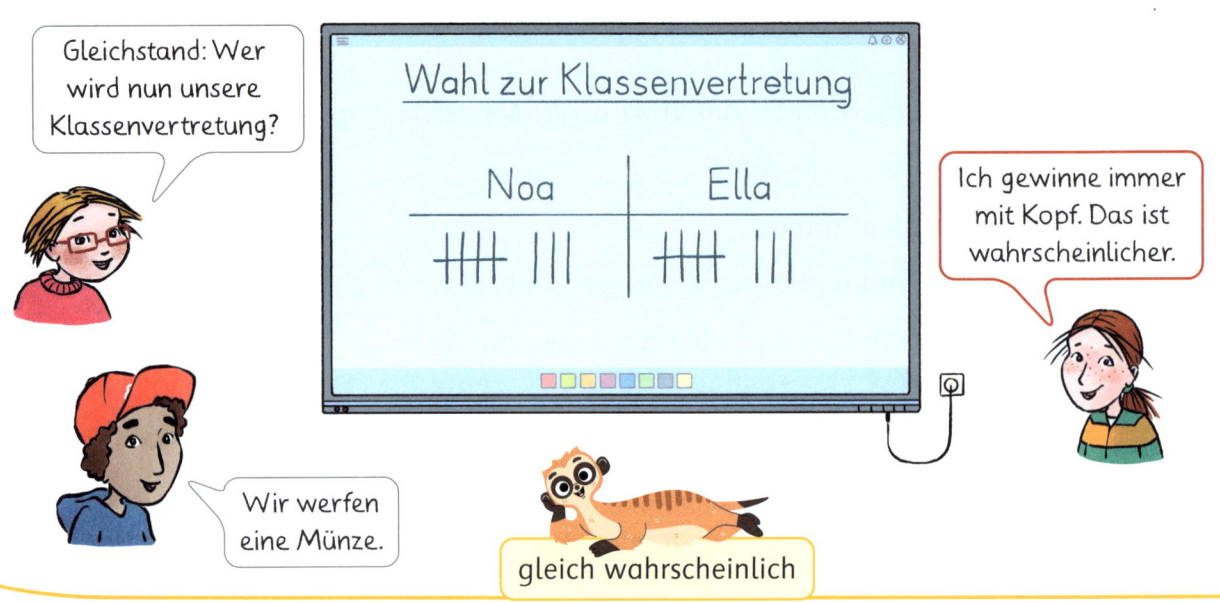

Gleichstand: Wer wird nun unsere Klassenvertretung?

Wahl zur Klassenvertretung

Noa | Ella

Ich gewinne immer mit Kopf. Das ist wahrscheinlicher.

Wir werfen eine Münze.

gleich wahrscheinlich

1 Wirf 50-mal eine Münze und überprüfe Ellas Aussage.

	Strichliste	Anzahl
Kopf		
Zahl		

2 ✔ oder ✘?

Ellas Aussage stimmt. Kopf wird am häufigsten geworfen. ☐

Zahl und Kopf sind gleich wahrscheinlich. ☐

Zahl wird am häufigsten geworfen. ☐

Zahl und Kopf werden ähnlich oft geworfen. ☐

Wenn die Münze vorher geschüttelt wird, dann wird Zahl häufiger geworfen. ☐

3 Haben Noa und Ella die gleichen Gewinnchancen beim Münzwurf?

4 Versuche mit dem Münzwurf werden auch Laplace-Experimente genannt. Weißt du warum?

Ich suche im Internet nach einer Antwort.

1. Ergebnisse aller SuS zusammentragen, um Aussage sicher prüfen zu können.

Gewinnchancen mit

S. 102

1 Was vermutest du? X

Noa gewinnt. Er hat ⚁. Das ist eine Glückszahl. ☐

Ella gewinnt, weil ihre Lieblingszahl ⚂ dabei ist. ☐

Alle Zahlen werden ungefähr gleich oft gewürfelt
und sind somit gleich wahrscheinlich. ☐

Mit ⚅ zu gewinnen, ist unwahrscheinlich.
Die Zahl wird seltener gewürfelt als alle anderen Zahlen. ☐

2 Wirf 50-mal mit ⚅.

	Augenzahl von Ella			Augenzahl von Noa		
	⚀	⚂	⚄	⚁	⚃	⚅
Strichliste						
Anzahl						

3 Überprüfe deine Vermutungen. Stimmen sie?

4 Haben Noa und Ella die gleichen Gewinnchancen beim Würfelspiel?

---

1. Nur die Aussagen ankreuzen, die vor dem Spielversuch vermutet werden.
2. Ergebnisse aller SuS zusammentragen.

1   Wirf 50-mal mit .

	Augensummen von Ella					
	1	2	3	4	11	12
Strichliste						
Anzahl						

	Augensummen von Noa					
	5	6	7	8	9	10
Strichliste						
Anzahl						

2

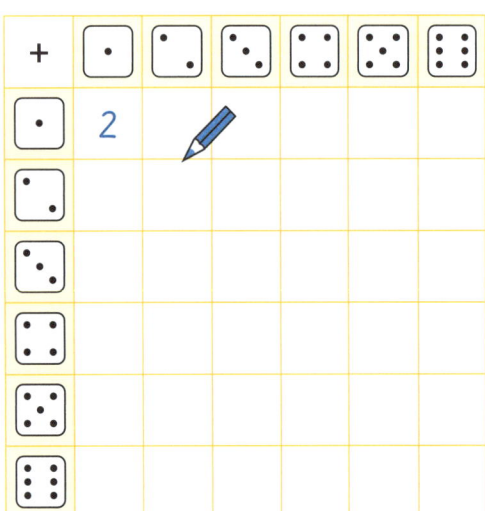

a) Welche Augensumme ist die häufigste?

b) Welche Augensumme kann es nicht geben?

c) Wer hat die besseren Gewinnchancen: Noa oder Ella?

1. Ergebnisse aller SuS zusammentragen.

3 Welche Regeln sind fair? ✔ oder ✘?

Du gewinnst bei allen Summen, die größer als 7 sind. ☐

Du gewinnst bei allen Summen, die kleiner als 8 sind. ☐

Du gewinnst bei allen Summen, die ungerade sind. ☐

Du gewinnst, wenn die Summe größer als 10 ist. ☐

Du gewinnst, wenn die Summe kleiner als 5 ist. ☐

Du gewinnst, wenn die Summe durch 3 teilbar ist. ☐

Du gewinnst bei den Summen 2, 3, 4, 10, 11 oder 12. ☐

 Ist das fair?

Du gewinnst, wenn deine Summe größer als 2 ist. ☐

4 Erstelle dein eigenes Würfelspiel  mit fairen Regeln.

Die Spielregeln:

---

3. Hinweis: Die Tabelle aus Nr. 2 nutzen, um die Regeln zu prüfen.

1

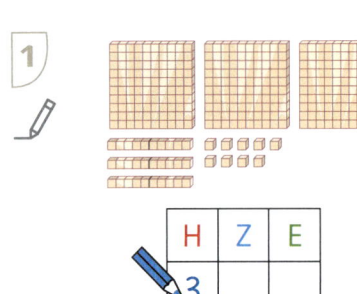

H	Z	E
3		

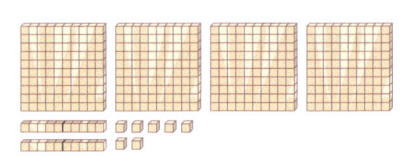

H	Z	E

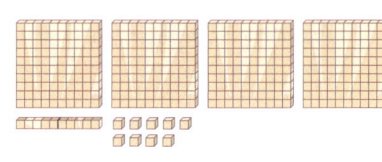

H	Z	E

2 <, > oder =?

467	660		234	477		267	642		642	667
449	730		313	450		339	653		753	753
543	205		765	542		771	775		776	554

3

H	Z	E

H	Z	E

4  Schreibe die Nachbarhunderter, Nachbarzehner und Nachbarzahlen.

a) 235
423
724
895

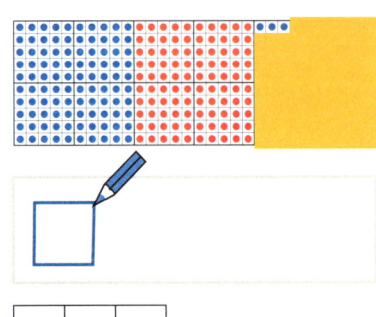

	VH	VZ	V	Zahl	N	NZ	NH
a)	200	230	234	235	236	240	300

b) 756
593
273
833

c) 333
674
873
337

5 Verschiebe ein Plättchen. Welche Zahlen können entstehen?

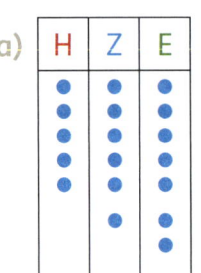

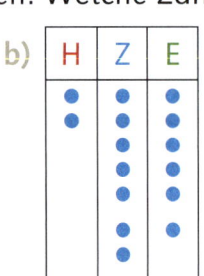

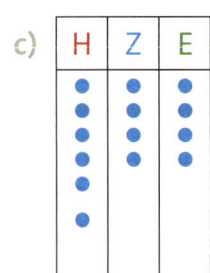

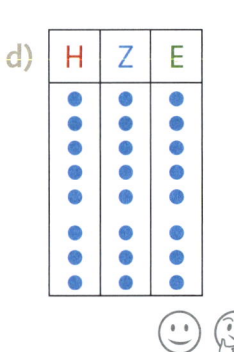

1 **a)** 203 + 4   **b)** 177 + 2   **c)** 230 + 40   **d)** 350 + 100
635 + 2   644 + 3   650 + 20   450 + 200
844 + 5   523 + 6   840 + 50   120 + 400
912 + 6   234 + 5   910 + 60   210 + 700

2 **a)** 295 + 7   **b)** 297 + 5   **c)** 397 + 5   **d)** 840 + 70
593 + 8   396 + 8   898 + 5   550 + 60
893 + 8   798 + 3   696 + 8   240 + 80
496 + 7   398 + 9   299 + 3   260 + 50

3 **a)** 725 + 59   **b)** 135 + 59   **c)** 136 + 199   **d)** 35 + 759
607 + 89   558 + 69   458 + 199   258 + 589
455 + 39   132 + 59   312 + 599   48 + 619
703 + 79   432 + 69   208 + 399   668 + 219

4 **a)** 467 + 28   **b)** 488 + 43   **c)** 736 + 157   **d)** 774 + 208
57 + 34   665 + 38   153 + 348   532 + 242
226 + 55   68 + 53   579 + 243   344 + 585
928 + 43   274 + 27   413 + 358   287 + 562

5 **a)** 354 + 233   **b)** 404 + 292   **c)** 667 + 180   **d)** 468 + 253
224 + 553   423 + 363   586 + 134   649 + 225
123 + 754   752 + 45   772 + 137   535 + 108
737 + 202   313 + 284   789 + 120   189 + 617

6 **a)** 523   **b)** 231   **c)** 125   **d)** 435   **e)** 626
+ 354   + 528   + 467   + 373   + 195

89

1

a) 543 – 2
658 – 4
876 – 3
946 – 4

b) 774 – 3
756 – 4
694 – 2
858 – 5

c) 850 – 20
957 – 30
821 – 10
935 – 20

d) 886 – 300
764 – 500
649 – 300
754 – 600

2

a) 205 – 7
506 – 9
505 – 8
407 – 9

b) 306 – 9
208 – 9
107 – 8
904 – 7

c) 307 – 9
105 – 8
404 – 6
108 – 9

d) 880 – 90
330 – 50
740 – 80
140 – 70

3

a) 275 – 39
787 – 79
646 – 39
985 – 69

b) 270 – 48
760 – 38
667 – 58
975 – 68

c) 486 – 199
823 – 599
933 – 498
843 – 598

d) 885 – 399
583 – 298
583 – 199
475 – 399

4

a) 287 – 36
546 – 35
976 – 65
888 – 77

b) 453 – 142
584 – 363
593 – 481
857 – 646

c) 905 – 123
887 – 358
496 – 339
387 – 296

d) 546 – 168
285 – 117
737 – 458
447 – 269

5

a) 287 – 156
763 – 563
847 – 525
945 – 713

b) 337 – 215
648 – 334
544 – 121
728 – 607

c) 355 – 233
885 – 674
398 – 196
588 – 378

d) 775 – 563
787 – 344
596 – 264
289 – 178

6

a) 875
– 521

b) 674
– 332

c) 704
– 542

d) 973
– 468

e) 775
– 586

1

6 · 80 =   4 · 60 =   7 · 50 =

6 · 8 =   · =   · =

2

		3	·	3	4	=			
3	·	3	0	=	
3	·		4	=	
			+		=	

7 · 3 6 =

6 · 5 7 =

3

4 · 2 3 =

3 · 3 7 =

4 · 2 8 =

4

7 · 39 =

· =

· =

☐ – ☐ =

8 · 49 =

· =

· =

☐ – ☐ =

5 · 78 =

· =

· =

☐ – ☐ =

5

6 · 58 =

9 · 38 =

3 · 49 =

6 · 60

6 · 2

0

·

·

0

·

·

0

Zeig, was du kannst!

1

720 : 8 =   360 : 6 =   240 : 30 =   450 : 50 =

___ : ___ =   ___ : ___ =   ___ : ___ =   ___ : ___ =

😊 🤔

2 480 : 8 =   540 : 6 =   810 : 9 =

___ · 8 = 480   ___ · ___ = ___   ___ · ___ = ___

😊 🤔

3 Finde alle gemeinsamen Teiler von …

a) 30   b) 14   c) 21   d) 24   e) 25   f) 63
   300   140   210   240   250   630

😊 🤔

4

126 : 6 =   102 : 3 =   130 : 5 =

😊 🤔

5

290 : 6 =   489 : 9 =
   =   =
   =   R   =   R
+ ___ R =   R   =   R

😊 🤔

6

76 : 4 =   133 : 7 =   234 : 6 =
_____   _____   _____
___ : ___ =   ___ : ___ =   ___ : ___ =
___ : ___ =   ___ : ___ =   ___ : ___ =
___ – ___ =   ___ – ___ =   ___ – ___ =

😊 🤔

1

der Zylinder	der Würfel	die Kugel	das Prisma

der Kegel   die Pyramide   der Quader

2 Welcher Körper ist es?

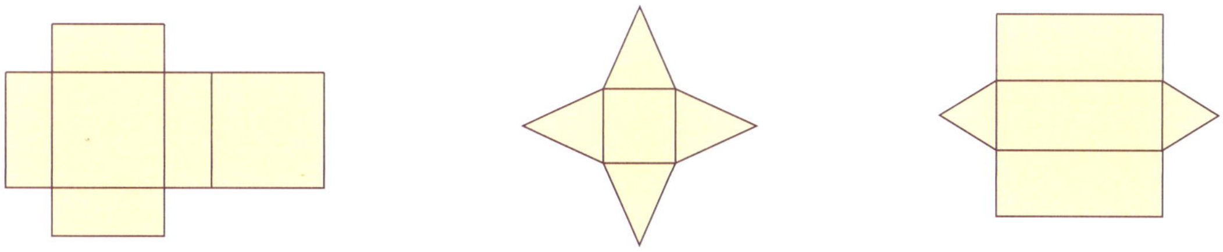

3 Ist es ein Würfelnetz? ✔ oder ✗?

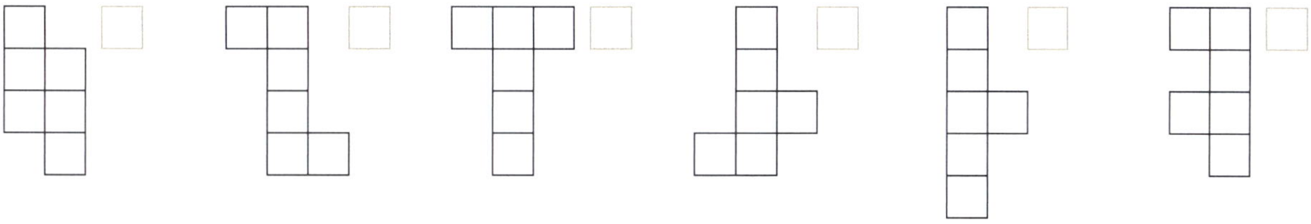

4 Ergänze die Augenzahlen.

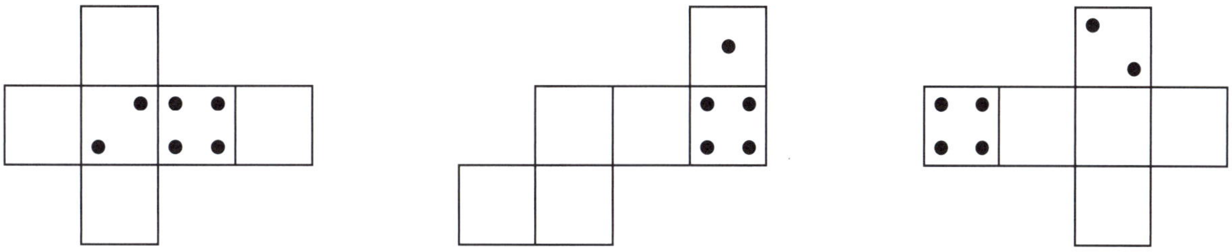

1 Zeichne die Symmetrieachsen ein.

 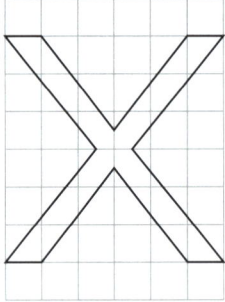 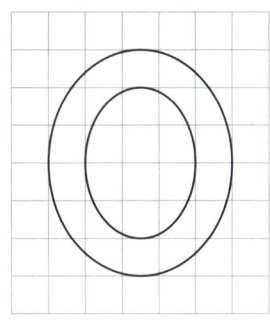 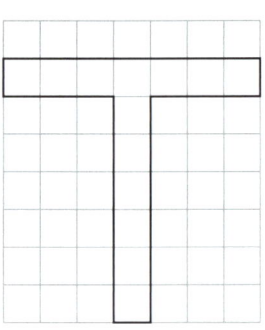

2 Ergänze zu einer symmetrischen Figur. Der Spiegel hilft dir.

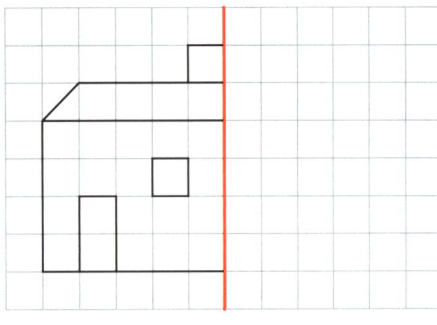 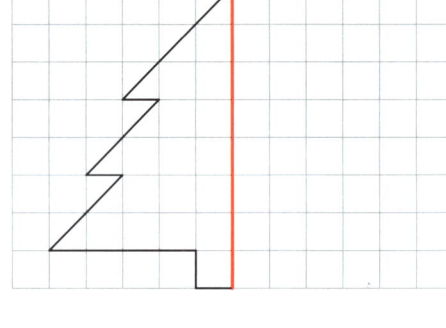

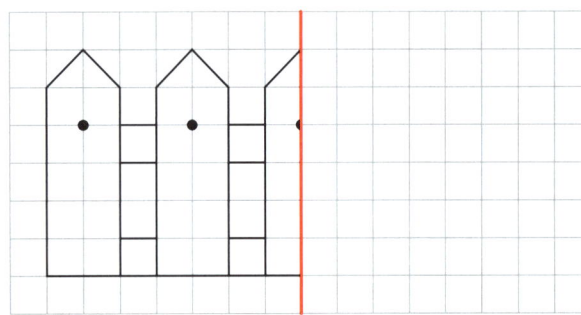 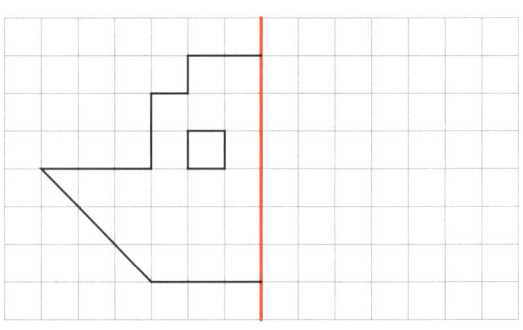

3 Schreibe alle Kombinationen ohne Wiederholung.

| 3 | 7 | 1 |

Die Ziffern wiederholen sich innerhalb eines Astes nicht.

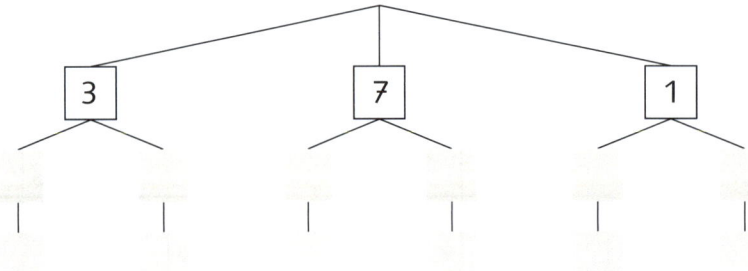

1

 Wechsle 20€ in 2 Scheine und 5 Münzen.

 Wechsle 100€ in 5 Scheine und 8 Münzen.

2

	100€	10€	1€	10ct	1ct	Betrag
						€

3

a)    a) 4 : 1 5 Uhr
   1 6 : 1 5 Uhr

b)    c) 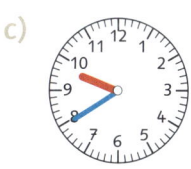   d)

4 Wie viele Minuten dauert die Zeitspanne?

a) 00:21 → 01:07

a) 0 0 : 2 1 —39 min→ 0 1 : 0 0 —7 min→ 0 1 : 0 7
3 9 min + 7 min = 4 6 min

b) 12:26 → 13:14

c) 03:44 → 04:15   d) 21:09 → 22:05

1

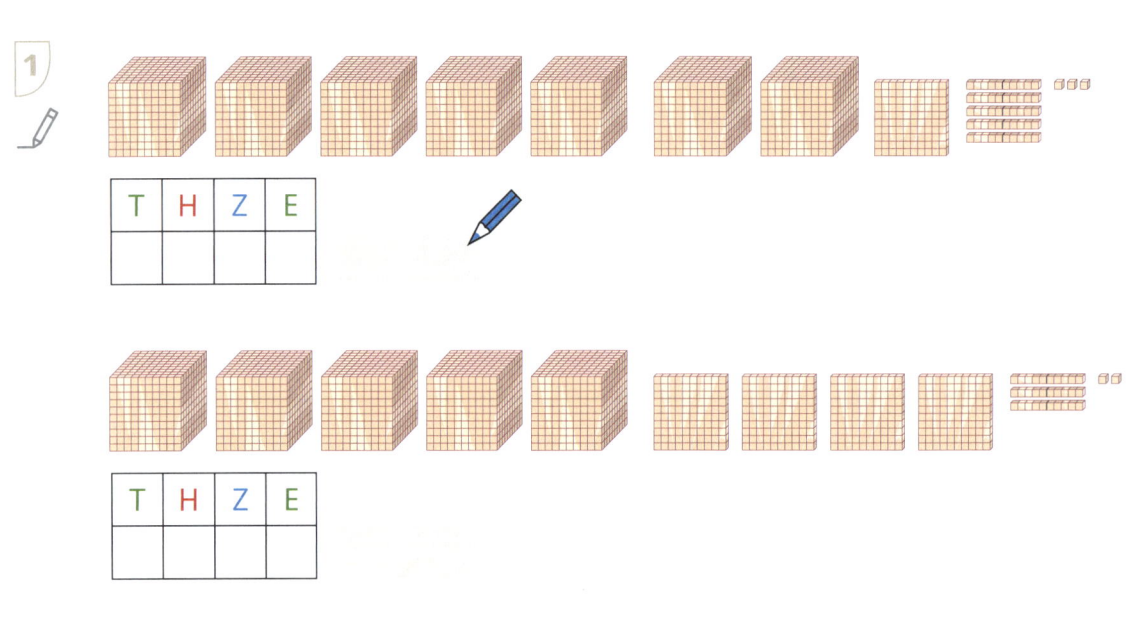

T	H	Z	E

T	H	Z	E

2

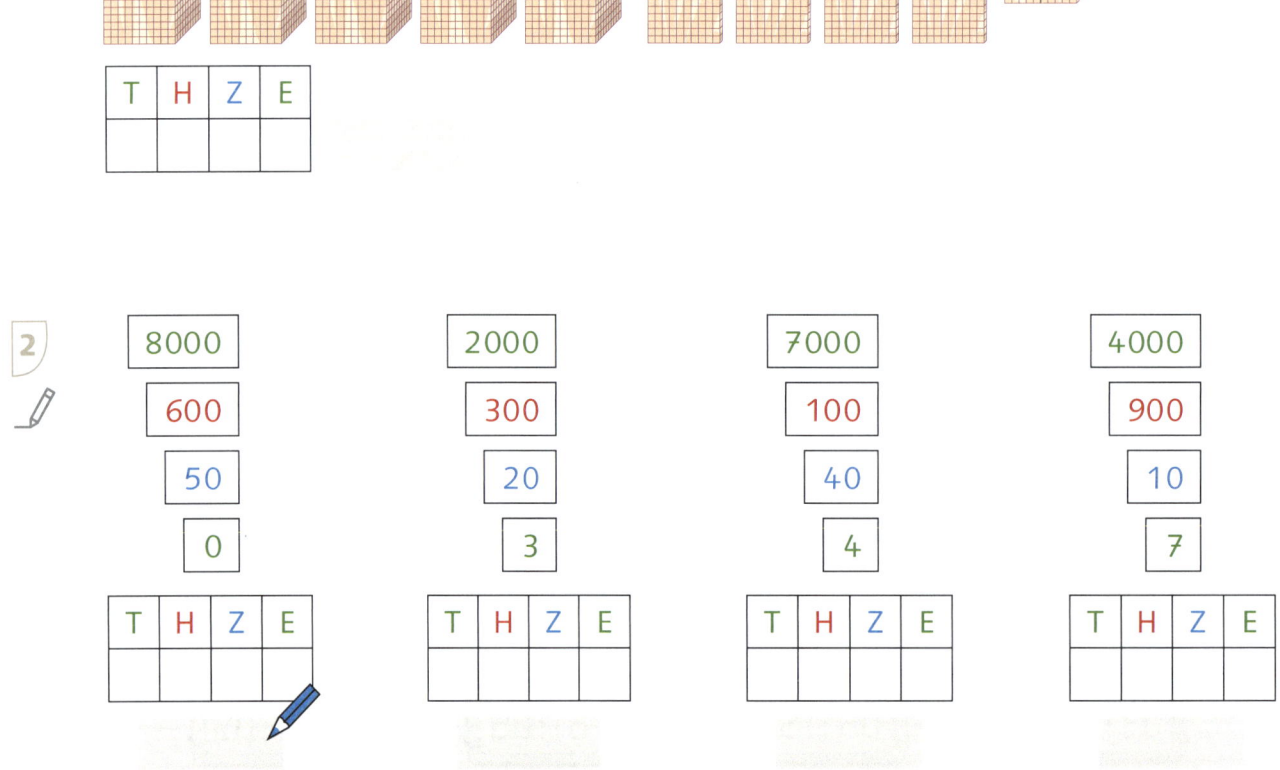

8000
600
50
0

T	H	Z	E

2000
300
20
3

T	H	Z	E

7000
100
40
4

T	H	Z	E

4000
900
10
7

T	H	Z	E

1.–2. In die Stellenwerttafel eintragen und Zahl schreiben.

3

| 1 HT 8 ZT 0 T 2 H 3 Z 4 E | | 3 HT 6 ZT 5 T 9 H 0 Z 8 E |

HT	ZT	T	H	Z	E

HT	ZT	T	H	Z	E
1	8	0	2	3	4

HT	ZT	T	H	Z	E

180 234   365 908   407 452

4 Welche Stelle ändert sich?

a) 800 000 + 7
   900 500 + 6
   740 021 + 8

HT ☐ ZT ☐ T ☐
H ☐ Z ☐ E ☐

b) 50 000 + 200
   55 500 + 300
   68 458 + 500

HT ☐ ZT ☐ T ☐
H ☐ Z ☐ E ☐

c) 900 000 + 10 000
   420 000 + 70 000
   219 353 + 80 000

HT ☐ ZT ☐ T ☐
H ☐ Z ☐ E ☐

5 Was fällt dir auf?

| 100 | 1 000 | 10 000 | 100 000 |
| 200 | 2 000 | 20 000 | 200 000 |

1 000   1 000 000

---

4. Aufgaben im Heft lösen und ankreuzen, welche Stelle sich im Aufgabenpaket jeweils ändert.

Merkwissen

Die Multiplikation, die Division S. 4, 26

multiplizieren	dividieren
40 · 6 = 240	240 : 6 = 40
1. Faktor 2. Faktor Produkt	Dividend Divisor Quotient

Alle Rechenwege S. 16, 42

Riesen und Zwerge	Stellenweise multiplizieren	Die Hilfsaufgabe
 6 · 30 = 180 6 · 3 = 18	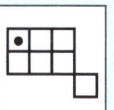 5 · 18 = 90 5 · 18 = 90 5 · 10 = 50 · 1 0 8 5 · 8 = 40 5 5 0 4 0 50 + 40 = 90 9 0	 5 · 18 = 90 5 · 20 = 100 5 · 2 = 10 100 − 10 = 90

Riesen und Zwerge	Die Umkehraufgabe	Schrittweise dividieren	Die Hilfsaufgabe
 240 : 6 = 40 900 : 300 = 3 24 : 6 = 4 90 : 30 = 3 9 : 3 = 3	 240 : 6 = 40 40 · 6 = 240	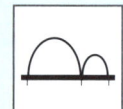 284 : 4 = 71 280 : 4 = 70 4 : 4 = 1 70 + 1 = 71	 76 : 4 = 19 80 : 4 = 20 4 : 4 = 1 20 − 1 = 19

Die Symmetrie S. 48, 52

Muster programmieren

S. 64–65

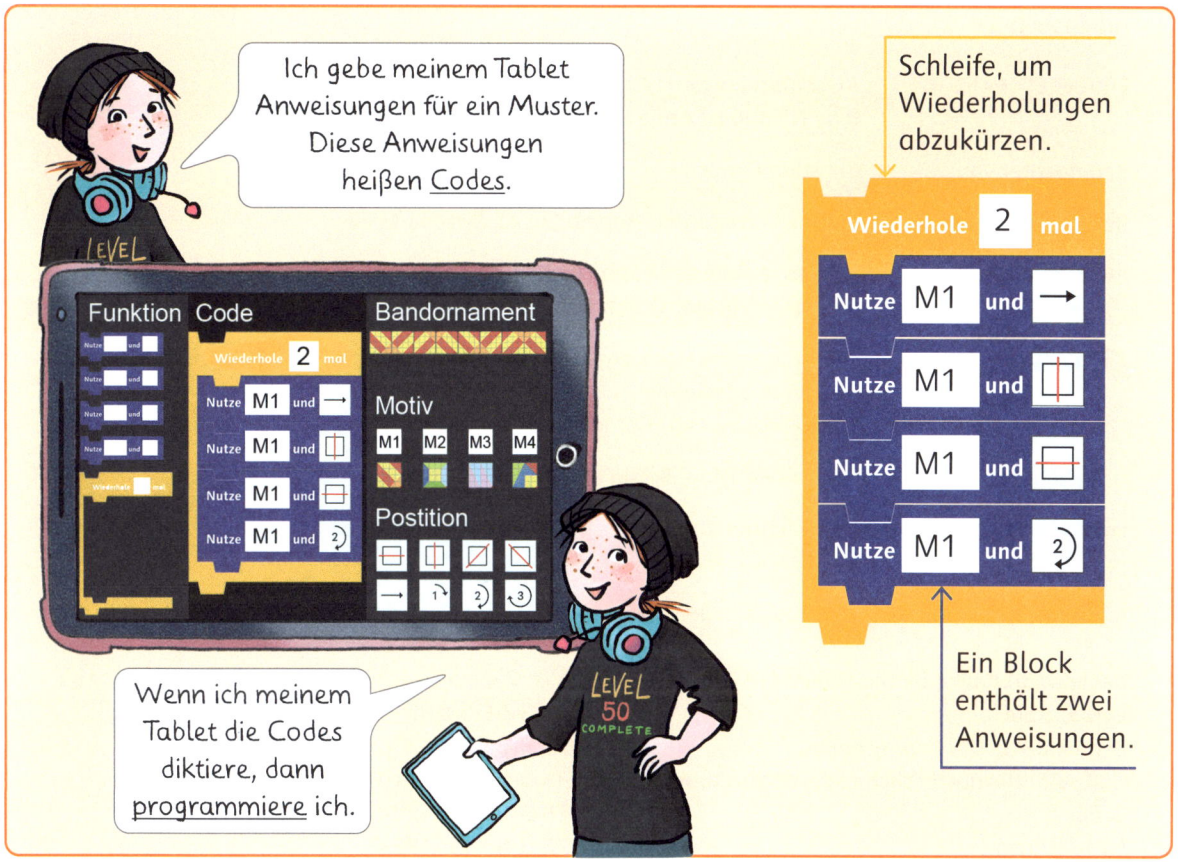

Die Zeit

S. 66–69

1 Minute = 60 Sekunden
1 min = 60 s

1 Stunde = 60 min
1 h = 60 min

Problemlösen

S. 78–81

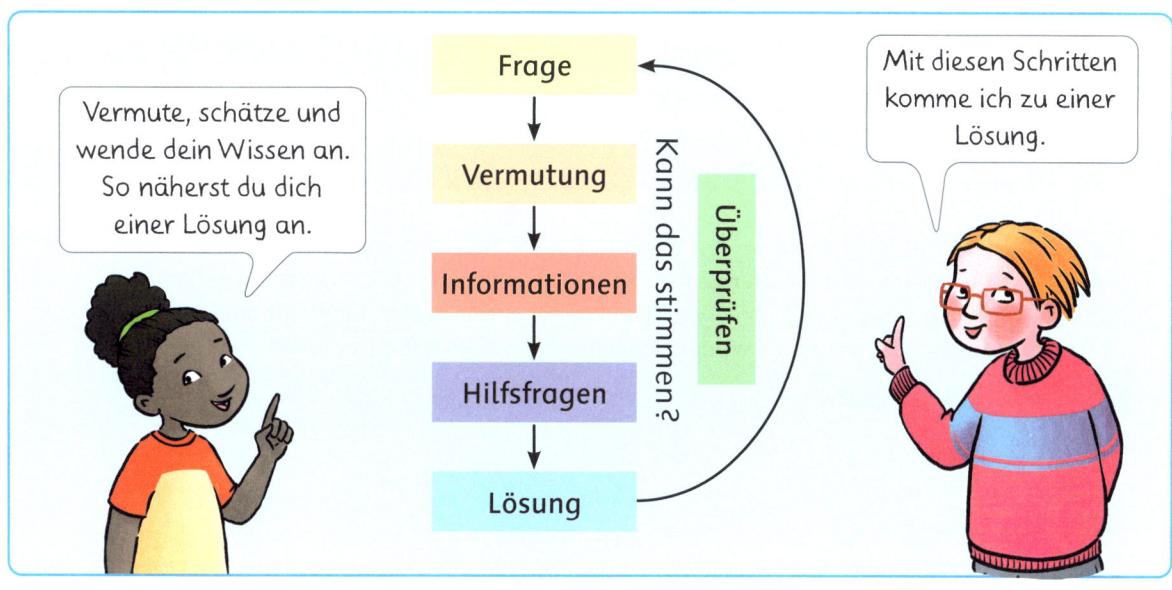

Mathematik

Arbeitsheft 3 B

Erarbeitet von:	Alexandra Freytag, Anna Harrich-Voßen, Gesa Hochscherff, Uwe Nienhaus, Anna Pöllinger-Miebach
Begutachtet von:	Christian Grulich
Redaktion:	Juliane Hasselbrink, Angela Lucke, Simone Micek
Illustration:	Friederike Ablang (Team Nase), Berlin, Antje Hagemann, Berlin, Christine Wächter (Körper, Dienes-Material), Berlin, Josephine Wolff (Eddi), Berlin
Bildquellen:	S.95 (Euromünzen): Cornelsen / Detlef Seidensticker / Deutsche Bundesbank / Luc Luycx aus Belgien. S.95 (Euroscheine): Cornelsen / Christine Wächter / Deutsche Bundesbank
Umschlaggestaltung:	Corinna Babylon, Berlin
Layoutkonzept:	Heike Börner, Berlin
Layout und technische Umsetzung:	Cornelia Gründer, Leipzig und Marion Röhr, Mega 14, Berlin

Begleitmaterialien für die Lernenden
Einstiegsbuch	978-3-06-084951-2
Zahlen bis 1 000. Kopfrechnen	978-3-06-084120-2
Halbschriftlich/Schriftlich rechnen plus und minus	978-3-06-084121-9
Größen	978-3-06-084122-6
Sachrechnen	978-3-06-084186-8
Geometrie	978-3-06-084471-5
Sicher in die 4. Klasse	978-3-06-084468-5

www.cornelsen.de

1. Auflage, 1. Druck 2024

Alle Drucke dieser Auflage sind inhaltlich unverändert und können im Unterricht nebeneinander verwendet werden.

Druck: H. Heenemann, Berlin

ISBN 978-3-06-084948-2

PEFC zertifiziert
Dieses Produkt stammt aus nachhaltig bewirtschafteten Wäldern und kontrollierten Quellen.
www.pefc.de

PEFC/04-31-1156